# 이화유치원
## 교육과정 운영의 실제

만5세 ❺ 동물

# 이화유치원

# 교육과정
# 운영의 실제

만 **5**세

**5** 동물

이화여자대학교 사범대학 부속이화유치원

(주)교 문 사

# 머리말

올해로 97년의 오랜 역사와 전통을 자랑하는 이화유치원은 우리나라에서뿐만 아니라 전 세계에서 탁월한 유아교육을 실행하는 유치원으로 높이 평가받고 있습니다. 이화유치원은 이에 긍지와 자부심, 책임감을 가지고 있으며, 무한한 가능성을 가진 유아들이 바르고, 착하고, 아름답게 자랄 수 있도록 최적의 교육환경과 교육과정을 제공하기 위해 항상 노력하고 있습니다. 더 나아가 미래사회를 책임질 유아들의 건강한 성장과 발달을 위해 끊임없이 새로운 프로그램을 개발하고, 유아교육의 질을 제고하기 위한 연구를 지속하여 유아교육 발전을 선도해 가고 있습니다.

유아의 성장 및 발달에 적합한 환경과 교육과정으로 질 높은 유아교육을 충실히 실행하는 것이 이화유치원의 중요한 사명 중 하나라면 또 다른 중요한 사명은 유아의 발달 및 유치원 교육과정, 교수방법, 교육환경 등에 관한 연구를 수행하고 그 결과를 출판하여 보급하는 것입니다. 이에 따라 이 책 『이화유치원 만 3, 4, 5세 교육과정 운영의 실제』는 이화유치원의 중요한 사명을 성공적으로 완수해 낸 결과물인 것입니다.

이화여자대학교 사범대학 부속이화유치원에서 1992년과 1995년 두 번에 걸쳐 『만 3, 4, 5세 어린이를 위한 유치원 교육과정 운영의 실제』를 출판한 지 어느덧 16년이 지났습니다. 2004년에 이화유치원 창립 90주년 기념행사를 성황리에 개최한 이후 새로운 『만 3, 4, 5세 유아를 위한 이화유치원 교육과정 운영의 실제』를 출판하기 위한 준비 및 집필 작업을 계속해 왔고 드디어 2011년에 출판하게 됨을 매우 기쁘게 생각합니다.

『이화유치원 만 5세 교육과정 운영의 실제』의 1학기 생활주제는 「즐거운 유치원」, 「나」, 「봄」, 「가족」, 「동물」, 「동네와 지역사회」, 「여름」이고, 2학기 생활주제는 「교통기관」, 「우리나라」, 「환경보호와 소비생활」, 「가을」, 「겨울」, 「유치원 졸업과 초등학교 입학」입니다. 기존 만 5세 교육과정 운영의 실제에서 제시한 생활주제 중 「세계 여러 나라」의 교육 내용을 각 생활주제로 나누어 삽입했고, 「즐거웠던 여름방학」을 「여름」으로 통합했습니다. 그리고 「교통기관」

과 「환경보호와 소비생활」을 새로운 생활주제로 추가했습니다.

『이화유치원 만 5세 교육과정 운영의 실제』는 동일하게 3개의 장으로 구성되어 있습니다. 1장에서는 각 생활주제 선정의 의의와 교육 목표를 소개했습니다. 생활주제에서 다루어야 할 학습 내용을 2~5개의 주제로 구분하고, 주제별로 교육 목표와 내용을 설명했습니다. 2장에서는 교육환경에 대해 소개했습니다. 원내와 교실의 흥미 영역을 교육 내용에 적합하게 구성하는 방법을 설명했고, 사진을 실례로 소개했습니다. 3장에서는 생활주제에 적합한 교육활동을 주제별로 소개했습니다. 교육활동의 전개 방법에서는 유아들이 흥미를 가지고 능동적으로 참여하여 교육 내용을 이해하고 학습할 수 있도록 하기 위해 교사가 만 5세 유아들의 발달 수준, 지식, 경험 등에 적합한 교육적 대화를 어떻게 나누는지를 소개하는 데 중점을 두었습니다. 이 책에 수록된 교육활동을 현장에서 실시할 때 도움이 되도록 교사의 질문 및 언어적 상호작용을 구체적으로 자세하게 기술하였고, 내용을 쉽게 이해할 수 있도록 사진 및 삽화를 수록했습니다. 활동 시 참고할 사항을 Tip으로 제시했고 유의점에 주의해야 할 사항을 설명했습니다. 또한 확장활동 및 관련활동을 제시하여 교육활동들 간의 연계성을 강조했습니다. 부록에는 주간교육계획안과 일일교육계획안의 예시를 수록하여 실제 교육계획안 수립 시 참고할 수 있도록 했습니다.

이화유치원에서는 교육과정의 학습경험 설정 및 효과적 조직에서 요구되는 세 가지 준거—계속성(continuity), 계열성(sequence), 통합성(integraty)—를 갖추고자 지속적인 연구와 노력을 거듭하고 있습니다. 이 책에서는 만 3, 4, 5세 교육과정 간 계속성, 계열성, 통합성에 초점을 맞추어 연구·개발된 새로운 생활주제, 주제 및 교육활동들을 소개했습니다. 또한 본 유치원에서 지난 10여 년간 실행해 온 각종 연구들—기본생활습관교육, 소비자교육, 극놀이, 요리활동, 종일반 프로그램, 수학교육, 리더십교육, 언어교육, 동작교육, 문학교육, 전통문화예술교육—을 통해 새롭게 개발된 생활주제, 주제 및 교육활동들을 이 책에 소개했습니다. 기존 『만

5세 어린이를 위한 유치원 교육과정 운영의 실제』에 수록되었던 활동들의 경우, 최근 유아들의 발달적 특성, 요구, 흥미에 적합하게 또한 시대적 변화와 요구에 부응할 수 있도록 수정·보완해서 소개했습니다.

그동안 이 책이 출판될 수 있도록 도와주신 여러 분들께 머리 숙여 감사를 드립니다. 먼저 『이화유치원 만 5세 교육과정 운영의 실제』를 함께 집필해 주신 이화유치원 전·현직 교사들—오지영, 강경미, 곽진이, 김혜전, 이누리, 전우용—께 감사를 드립니다. 유아교육 발전을 위한 이화유치원의 사명을 완수하기 위해 지난 몇 년간 주말이나 공휴일은 물론이고 방학에도 쉬지 못하면서 이 책의 집필 과정에 참여해 주신 여러 분들의 헌신적 노력은 유아교육의 역사에서 오래 기억될 것입니다. 이 책의 집필 과정에서 여러모로 도움을 주신 이화유치원 전·현직 교사들—최수연, 강지영, 최지은, 정은화, 박보람—께도 깊은 감사를 드립니다. 또한 이 책을 출판해 주신 (주)교문사 류제동 사장님, 정용섭 부장님을 비롯한 직원 여러 분들께도 진심으로 감사를 드립니다.

끝으로 이 책이 출판될 수 있도록 간접적으로 도와주신 분들께도 감사를 드립니다. 그동안 유아교육을 공부하는 학부생 및 대학원생, 유아교사, 유아교육학자, 유아교육 전문가 및 행정가, 심지어 학부모들께서도 이 책이 언제 출판되는지를 문의하고 출판을 서둘러 주기를 부탁하셨습니다. 『이화유치원 만 3, 4, 5세 교육과정 운영의 실제』를 하루 빨리 출판해 달라는 많은 분들의 요청이 저희들에게 든든한 힘과 격려가 되어 주었기에 이 자리를 빌려 감사의 마음을 전하며, 여러분들께서 기대하신 만큼 큰 도움 받으시기를 바랍니다.

2011년 7월 25일
집필진 대표 홍용희

# 차 례

**1장**

# 생활주제 선정의
# 의의와 목표

# 1장

# 생활주제 선정의 의의와 목표

## 1. 생활주제 선정

동물은 유아들이 주변에서 쉽게 찾아볼 수 있는 친숙한 대상이다. 유아들은 애완 동물을 비롯하여 농장 동물, 야생 동물 등 다양한 종류의 동물들에 대해 큰 관심과 호기심을 갖고 있다. 유아들은 가정에서 동물을 키우거나 동물원에 가서 관찰을 하거나 또는 책이나 영상 매체를 통해 동물에 대한 관심과 호기심을 충족시킨다. '동물' 생활주제에서는 유아들이 일상의 경험을 통해 동물에 대해 갖고 있는 지식과 호기심을 바탕으로 보다 심화된 내용의 활동을 흥미롭게 전개함으로써 유아들이 동물에 대한 지식을 확장시키고 체계적으로 재구성할 수 있도록 한다.

만 5세 유아들은 시간의 흐름에 대한 개념이 생김에 따라 현재 살고 있는 동물뿐만 아니라 현재에는 없는 과거에 살았던 동물에 대해서도 큰 관심과 호기심을 보인다. 따라서 유아들이 흥미를 보이는 공룡을 비롯한 중생대 동물에 대해 알아본다. 특히 과거에 살았던 동물이 사라지게 된 이유를 살펴보며 동물과 사람이 지구상에 조화롭게 공존해야 함을 깨닫고 동물을 친숙하고 소중히 여기는 태도를 가질 수 있도록 한다. 실제로 존재하지는 않지만 사람들이 생각해 낸 상상의 동물에 대해서도 알아본다. 우리나라 옛날 이야기에 많이 등장하는 상상의 동물에 대해 알아보는 과정에서 전통 문화에 대해 친밀감과 관심을 가질 수 있도록 한다. 이와 같은 동물에 관련한 다양한 교육 내용을 체계적으로 실시하기 위하여 '동물' 생활주제가 선정되었다.

## 2. 주제 및 목표 선정

'동물' 생활주제는 '애완 동물', '농장 동물', '야생 동물', '중생대 동물', '상상의 동물'로 주제를 구성하였다.

| 생활 주제 | 주제 |
|---|---|
| 동물 | 애완 동물 |
| | 농장 동물 |
| | 야생 동물 |
| | 중생대 동물 |
| | 상상의 동물 |

각 주제별 교육 목표 및 교육 내용은 다음과 같다.

| 주제 | 분류 | 목표 및 내용 |
|---|---|---|
| 1.<br>애완동물 | 교육 목표 | • 동물은 각기 생김새와 특징, 생활습성이 다르다는 것을 안다.<br>• 애완동물의 의미를 안다.<br>• 애완동물을 잘 돌보아 준다.<br>• 애완동물을 안전하게 다루어 자기 몸을 보호한다.<br>• 동물을 사랑하는 마음을 갖는다. |
| | 교육 내용 | '애완동물' 주제에서 유아들은 집에서 사람이 돌보아 주는 동물의 종류와 생활습성에 대해 학습한다. 집이나 학급에서 동물을 키워 보는 경험을 통해 동물을 사람들과 함께 살아가는 존재로서 인식하고 사랑하는 마음을 갖도록 한다. 동물을 돌볼 때 주의해야 할 점에 대하여 알고 안전하게 다룰 수 있도록 한다. 동물을 소재로 한 다양하고 흥미로운 활동을 실시하여 유아들이 주변의 동물에 관심을 가지고 친근하게 여길 수 있도록 교육 내용을 구성한다. |
| 2.<br>농장동물 | 교육 목표 | • 농장 동물의 종류를 안다.<br>• 농장 동물의 생김새와 특징을 안다.<br>• 농장 동물이 사람에게 주는 이로운 점을 알고 그 부산물이 우리 생활에 쓰이고 있음을 안다.<br>• 농장 동물의 생활습성에 흥미를 갖고 동물을 돌보아 주는 마음씨와 태도를 기른다.<br>• 동물과 관련한 질병이 사람에게 유해함을 알고 주의하는 태도를 기른다. |
| | 교육 내용 | '농장 동물' 주제에서 유아들이 농장에서 키우는 동물의 종류와 생활습성에 대해 알도록 한다. 각 동물들이 사람들에게 주는 이로움에 대하여 알고 실생활에서 동물의 부산물을 이용한 물건을 찾아 이용하는 사례를 살펴봄으로써 유아들이 동물에게 고마운 마음을 가질 수 있도록 한다. 이와 함께 사람이 키우는 동물들이 사람에게 질병을 옮길 수 있음을 알고 이를 예방하는 방법을 생활화하도록 지도한다. |
| 3.<br>야생동물 | 교육 목표 | • 야생 동물은 습성과 환경에 따라 다양하게 구분될 수 있음을 안다.<br>• 야생 동물의 이름을 알고 특징을 구별한다.<br>• 야생 동물의 특징과 독특한 생활방식에 대하여 안다.<br>• 사라진 동물과 사라져 가는 동물이 있음을 안다.<br>• 사람과 동물은 함께 살아가야 하는 관계임을 알고 동물을 소중히 생각한다. |
| | 교육 내용 | '야생 동물' 주제에서는 다양한 야생 동물의 종류와 생활습성, 서식지 등에 대해 학습한다. 이를 위해 동물을 주제로 한 이야기나누기나 노래, 게임, 율동 등의 다채로운 활동을 실시하여 유아들이 동물에 대해 흥미를 가지고 자연스럽게 관련 지식을 습득할 수 있도록 한다. 또한 사람들의 포획이나 환경 파괴로 인해 수가 줄어들고 있는 동물과 사라진 동물에 관심을 가짐으로써 동물 또한 사람과 같이 지구상에서 살아가는 생물임을 인식하고 동물을 소중히 생각할 수 있도록 지도한다. |
| 4.<br>중생대동물 | 교육 목표 | • 지금은 지구상에 존재하지 않는 동물이 있었음을 안다.<br>• 공룡의 종류를 안다.<br>• 공룡의 생김새와 이름을 안다.<br>• 여러 가지 공룡의 특성에 관심을 갖는다.<br>• 지금은 존재하지 않는 동물을 탐구하는 사람에 대해 관심을 갖는다. |
| | 교육 목표 | '중생대 동물' 주제에서는 중생대의 대표적인 동물인 공룡에 대하여 학습한다. 유아들이 공룡에 대해 갖고 있는 흥미와 호기심을 충족할 수 있도록 자신이 좋아하는 공룡의 종류와 특성 등에 대해 조사하고 이를 조형 활동이나 율동 등의 다양한 방법으로 표현하는 활동을 한다. 자연사 박물관 현장학습을 통해 공룡의 뼈 모형과 화석 등을 탐색해 봄으로써 공룡에 대한 지식을 확장시킨다. 유아들이 공룡이 현재 살고 있지 않음을 알도록 하고 나아가 공룡이 멸종한 이유에 대해 관심을 가질 경우 이에 대한 여러 가지 학설에 대해 알아보도록 한다. |

| 주제 | 분류 | 목표 및 내용 |
|---|---|---|
| 5. 상상의 동물 | 교육 목표 | • 우리나라 전통문화에는 독특한 상상의 동물이 나타난다는 것을 안다.<br>• 각 상상의 동물이 상징하는 의미에 관심을 갖는다.<br>• 상상의 동물 모습을 감상하며 우리나라 문화에 자부심을 갖는다. |
| | 교육 내용 | '상상의 동물' 주제에서는 실제 존재하지 않지만 사람들이 상상하여 만들어 낸 동물들에 대해 알아본다. 용, 해태, 현무, 주작, 백호, 청룡 등 옛날 이야기에 많이 등장하는 상상의 동물을 찾아보고 생김새와 특성에 대해 알아보며 창의적으로 상상해 볼 수 있도록 한다. 이 과정에서 유아들이 우리나라의 독특한 전통 예술 문화에 대해 친밀감을 느끼고 자부심을 갖도록 한다. |

# 2장 환경 구성

# 2장

# 환경 구성

## 1. 실내 환경 : 현관, 복도

### 1) 게시판

현관 게시판은 숲이나 초원 등 동물이 사는 곳을 배경으로 꾸민 후 유아들이 그린 동물 그림을 붙여 완성해 나간다. 게시판에는 해당하는 달의 교육 활동 및 유치원 교육과정 관련 행사를 게시한다. 유아들이 생활주제 '동물' 에 대한 내용을 심도 있게 학습할 수 있도록 학부모에게 협조를 부탁하는 내용의 안내문도 게시한다. 안내문에는 가족이 함께 동물을 관찰할 수 있는 적절한 장소를 알려주거나 가정에 있는 동물 관련 교육자료를 유치원에서 활용할 수 있도록 보내달라는 내용 등을 포함한다. 급·간식 식재료의 원산지를 매일 게시한다.

6월 유치원 현관 게시판

### 2) 복도 벽면

복도 벽면에는 유아들이 흥미를 보이는 동물들의 모습과 생활습성이 담긴 사진을 전시한다. 유아들이 동물에 대해 조사한 내용도 함께 게시하여 여러 학급 유아들이 정보를 공유하도록 한다. 또한 유아들이 흥미를 보이는 특정 동물(예: 유치원 마당에서 발견된 까치 둥지와 까치 새끼, 공룡 등)에 대해 더욱 관심을 갖고 탐구할 수 있도록 동물과 관련된 화보 및 실물, 공동작품, 조사한 자료 등을 전시한다.

공룡에 대해 조사한 내용 및 공동작품

까치에 대해 조사한 내용 및 관련 자료

까치에 대해 조사한 내용과 까치에게 보내는 편지

## 3) 복도 영역

복도 영역에 목재 동물 인형과 울타리로 구성된 상상놀이 세트, 헝겊으로 만들어진 목장놀이 세트 등을 제공하여 유아들이 하루 일과 중에 학급 이외의 공간에서 다른 학급 친구들과 동물과 관련된 다양한 상상놀이를 할 수 있도록 한다. 소파, 쿠션 등으로 유아들이 독서할 수 있는 편안하고 아늑한 분위기를 구성하고 동물과 관련된 그림책, 동물도감, 과학도서 등을 함께 제시한다.

동물 숲(목재) 놀이

동물인형(헝겊) 놀이

## 2. 실내 환경 : 교실

- 생활주제 : 동물
- ○○○반 흥미 영역 배치도　　　　　　　　　○○○○학년도 ○월 ○주 ～ ○월 ○주

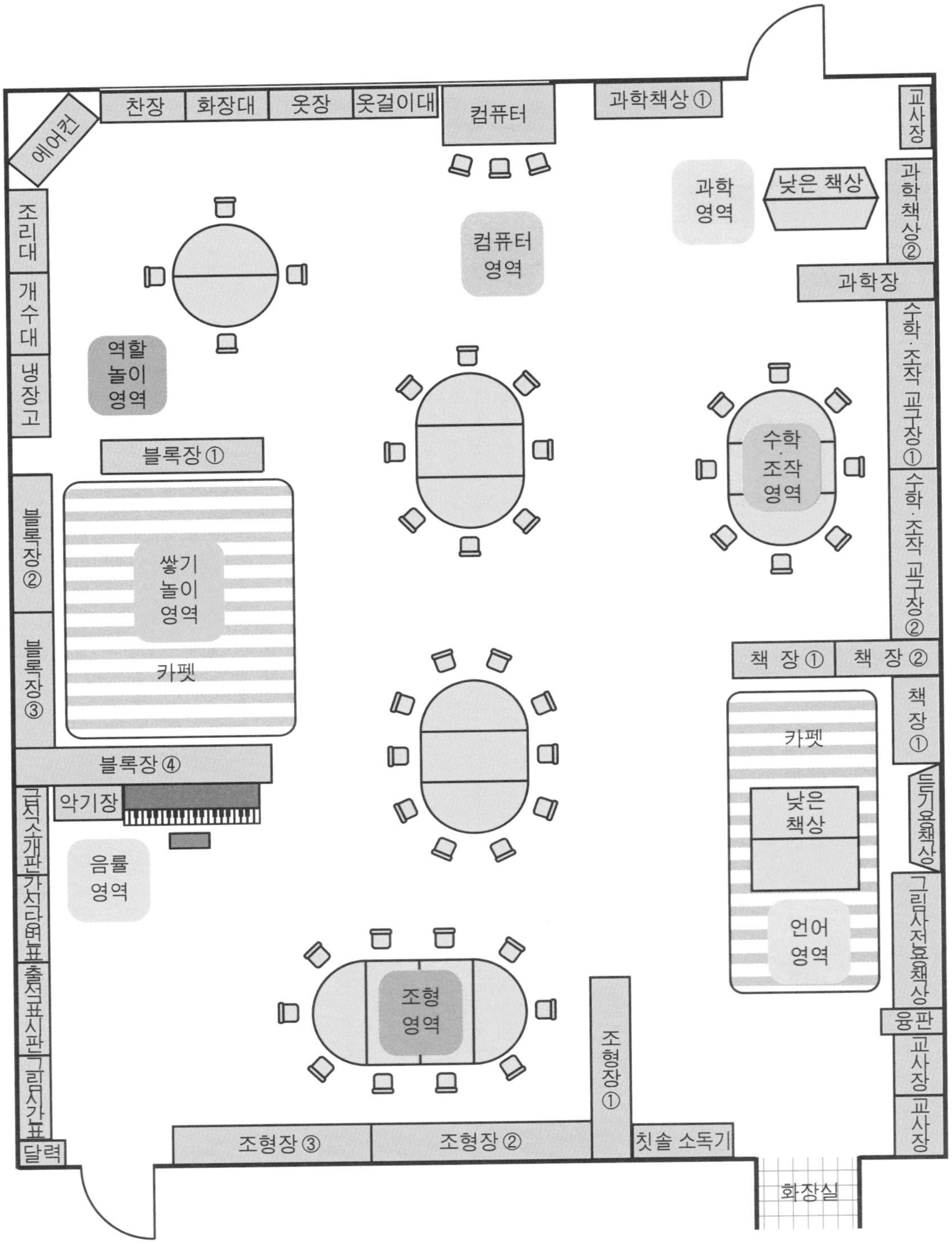

| 에어컨 | 찬장 | 화장대 | 옷장 | 옷걸이대 | 컴퓨터 | 과학책상① | 교사장 |

역할놀이 영역

조리대
개수대
냉장고

블록장①

블록장②

블록장③

블록장④

악기장

음률 영역

쌓기놀이 영역

카펫

움직이는표/소개판/가식표/당번표/출석표/게시판/기타게시판

달력

컴퓨터 영역

과학 영역

낮은 책상

과학책상②

과학장

수학·조작·교구장①

수학·조작·교구장②

수학·조작 영역

책장① 책장②

책장①

듣기용책상

그림사전책상/융판

교사장

교사장

카펫

낮은 책상

언어 영역

조형 영역

조형장①

조형장③ 조형장② 칫솔 소독기

화장실

## 1) 교실 벽면

### (1) 출석 표시판

  '동물' 생활주제에서는 유아들이 좋아하는 동물을 안개 그림, 스펀지 그림 등의 방법으로 표현한 조형 작품을 출석표시 그림으로 활용한다. 각 조형 작품에 따라 어울리는 배경판을 유아들과 함께 만든다.

'유아들이 좋아하는 동물' 그림으로 구성한 출석 표시판

### (2) 벽면 전시

  유아들이 좋아하는 동물, 집에서 키우는 동물, 교실에서 키우는 동물에 대하여 조사한 자료를 전시한다. 자료 주변에 색종이를 접거나 재활용품으로 만든 동물을 전시하고 나무, 풀, 구름 등을 붙여 전시를 완성해 나간다. 유아들과 함께 '○○○반 어린이들이 가장 좋아하는 동물'에 대해 투표하고 그 동물에 대해 조사한 것을 투표 결과와 함께 붙여 벽면을 구성한다.

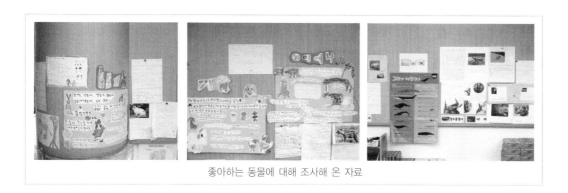

좋아하는 동물에 대해 조사해 온 자료

## 2) 흥미 영역

### (1) 언어 영역

#### ① 읽기 영역

  동물의 먹이 · 사는 곳 · 생활 모습 등 동물의 특성에 대해 탐색할 수 있는 그림책을 제시한다. 유아들과 유치원 내 어린이 도서관에 가서 각자 자신이 좋아하는 동물이 등장하는 그림책을 선택하여 교실의 읽기 영역에 제시할 수 있다.

② 쓰기 영역

쓰기 영역 벽면에 여러 가지 동물의 이름을 적은 글자판을 게시한다. 이때 글자 쓰는 순서를 화살표와 번호로 제시하여 유아들이 필순을 정확하게 알도록 한다. 유아들이 동물 그림 사전을 만들 때 참고할 수 있도록 동물의 사진과 이름이 적힌 화보를 만들어 벽면에 붙이거나 책으로 엮어 내어 주며, 동물과 관련된 그림책, 백과사전 등을 제공한다.

③ 말하기 영역

동물이 등장하는 동화 자료를 낮은 책상이나 인형극 틀, 관련 그림책과 함께 말하기 영역에 제시하여 유아들이 동화 내용을 바탕으로 이야기를 만들며 놀이할 수 있도록 한다.

(2) 쌓기 놀이 영역

여러 가지 나무 또는 플라스틱 재질의 동물 모형과 울타리, 부직포로 만든 산, 들, 강 등의 소품을 제공하여 놀이를 지원한다. 벽면에 동물원 혹은 산 · 들 · 바다 · 강 등에서 생활하는 동물들의 사진이나 그림을 게시하여 유아들이 놀이를 위한 환경을 구성할 때 참고하도록 한다.

쌓기 놀이 영역 전경

동물원 구성하기 소품

(3) 역할 놀이 영역

유아들이 특별히 관심을 갖거나 놀이에 자주 등장하는 동물을 관찰하여 관련된 놀이를 할 수 있도록 지도한다. 예를 들어, 유아들이 공룡이나 화석 등 옛 생물들에 대해 관심을 가질 경우 고생물학자와 자연사 박물관을 소개하여 놀이에 적용하게 한다. 그밖에 동물원 놀이나 밀림 놀이를 하도록 환경을 구성할 수 있다. 역할 놀이 영역을 구성할 때에는 유아들과 필요한 소품 준비와 소품 배치에 대하여 충분히 이야기를 나누고 함께 준비하도록 한다. 놀이를 진행하면서 지속적인 평가를 통해 더욱 재미있게 놀기 위한 방법을 의논하면서 놀이를 심화 · 확장시킨다.

고생물학자 놀이

### (4) 수학 · 조작 영역

동물의 부분과 전체 연결하기, 동물 모양 끈 끼우기, 동물의 부산물 짝짓기 등 사고력 · 수리력을 발달시킬 수 있는 개인용 조작교구를 중심으로 수학 · 조작 영역을 구성한다.

수학 · 조작 영역 교구장

### (5) 과학 영역

교실에서 키우는 동물(예 : 거북이, 물고기, 장구벌레, 사슴벌레 등)이 있다면 유아들이 동물의 생태를 알 수 있도록 관련 화보들을 벽면에 붙이고, 동물을 자세히 관찰할 수 있는 도구(예 : 돋보기)와 관련 그림책을 함께 제시해 준다.

다양한 크기의 조류 알(실물 혹은 조형)을 전시하여 유아들이 실제 만져 보며 스스로 탐색할 수 있는 기회를 준다. 실물을 내어 줄 경우에는 알이 깨지지 않도록 주의하여 탐색할 수 있도록 지도한다. 또한 빛상자(Light-box)에 동물의 뼈대를 비추어 보며 동물들의 신체 구조에 대해 관심을 가질 수 있도록 한다.

다양한 조류의 알 · 관련 화보 전시

### (6) 조형 영역

유아들이 여러 가지 기법을 활용하여 동물을 소재로 한 조형 활동을 할 수 있도록 다양한 재료를 준비한다. 예를 들어, 유아들이 흥미를 보이는 동물의 모습을 탁본을 할 수 있도록 탁본 틀을 만들어 먹, 솜방망이와 함께 내어 주거나 찰흙이나 지점토를 제공하여 좋아하는 동물을 만들어 보게 한다. 또한 역할 놀이 영역에서 자연사 박물관 놀이와 같은 동물과 관련한 주제의 놀이를 할 때 조형 영역에서 놀이에 필요한 준비물을 만듦으로써 영역 간 활동을 연계하고 놀이를 확장할 수 있도록 한다. 그밖에 동물 모양으로 오려진 종이, 동물 모양으로 접을 수 있는 색종이 접기 책 등을 제공한다.

탁본 활동이 준비된 조형 책상

### (7) 음률 영역

동물 울음소리와 비슷한 소리를 내는 악기(예: 우든 프로그, 슬라이드 휘슬 등)를 내어 주어 유아들이 다양하고 독특한 악기 소리를 탐색할 수 있도록 한다. 또한 유아들이 동물을 주제로 한 음악(예 : 피터와 늑대, 동물의 사육제 등)을 감상할 수 있도록 음악 자료와 함께 CD(카세트 테이프) 플레이어를 제공한다.

음률 영역 교구장

# 3장

## 활 동

## ★ 주제별 활동 목록

| | | 애완동물 | 농장 동물 | 야생 동물 | 중생대 동물 | 상상의 동물 |
|---|---|---|---|---|---|---|
| 자유<br>선택<br>활동 | 쌓기<br>놀이<br>영역 | | | 밀림 만들기 | 자연사 박물관 놀이 | |
| | 역할<br>놀이<br>영역 | | | | 고생물학자 놀이 | |
| | 언어<br>영역 | | | 동물 수수께끼 책 만들기 | 자연사 박물관 도록 만들기 | |
| | 수학<br>·<br>조작<br>영역 | | 동물과 부산물 짝 짓기 | 동물과 사는 곳 짝짓기 | 공룡과 뼈 짝짓기 | 무늬 보고 동물 알아맞히기 |
| | 과학<br>영역 | | 동물의 알 관찰하기 | | | |
| | 조형<br>영역 | 스펀지 그림<br>마블링 | 안개 그림 | 세우는 동물 만들기 | 자연사 박물관에 필요한 것<br>만들기<br>공룡 화석 만들기 | 상상 동물 만들기<br>탁 본<br>용 그리기 |
| | 음률<br>영역 | | | 동물 울음소리를 닮은 악기 | | |
| | 실외<br>영역 | 유치원 동물 관찰하기 | | | 화석 찾기 놀이 | |
| 대소<br>집단<br>활동 | 이<br>야<br>기<br>나<br>누<br>기 | 집 동물과 야생 동물 | 우리가 좋아하는 동물 - 말<br>동물이 옮기는 질병 예방하기 | 우리가 좋아하는 동물<br>　- 캥거루<br>우리가 좋아하는 동물<br>　- 코끼리<br>사라진 동물들<br>사라져 가는 동물들 | 우리가 좋아하는 동물 - 공룡<br>공룡의 멸종 | 사신 - 청룡, 백호, 현무, 주작<br>해치, 봉황<br>용 |
| | 동화<br>·<br>동극<br>·<br>동시 | 만약에(동시) | 염소 편지(동시)<br>브레멘의 음악대(동극) | 동물보호(동화)<br>코끼리(동시) | 공룡 책(동화) | 상상의 동물로 동화 만들기<br>(동화)<br>황룡이의 노란 물방울(동극) |
| | 노래<br>·<br>음악<br>감상<br>·<br>악기<br>연주 | | 무엇을 주련(노래)<br>동물 농장(노래)<br>피터와 늑대(음악감상) | 새와 개구리(노래)<br>기린이랑 사슴이랑(노래)<br>다람쥐 소풍 가는 길(음악감상) | | 용의 움직임을 악기로 표<br>현하기(악기 연주) |
| | 율동 | 작은 흰 쥐 | 말 달리기 | 코끼리<br>새 춤 Ⅰ, Ⅱ<br>벌 집 | 공룡 | 용 춤 |
| | 신체 | 고양이와 방울(게임)<br>엄마 고양이와 새끼 고양이들<br>(게임) | | 캥거루 경주(게임)<br>동물 울음소리 흉내 내기<br>(게임) | 같은 공룡 그림 찾아오기<br>(게임) | |
| | 수학 | | 동물 수 세기 | 가장 빠른 동물 | | |
| | 과학 | 물과 기름 | 궁중 떡볶이(요리) | | | |
| | 사회 | 버려진 동물들 | | 나라를 대표하는 동물<br>동물보호 운동 | 자연사 박물관 현장학습<br>자연사 박물관에서 본 것<br>소개하기 | |

※ 본 교재에 수록된 활동은 만 5세 '동물' 생활주제에서 실시하고 있는 교육활동 중 일부만 소개된 것입니다.

# 1. 애완 동물

# 집 동물과 야생 동물

**집단형태**

대집단활동

**활동유형**

이야기나누기

**활동자료**

집에서 기를 수 있는 동물의 그림 혹은 사진(예: 개, 소, 토끼, 닭, 오리, 돼지, 고양이 등), 집에서 기를 수 없는 동물의 그림 혹은 사진(예: 호랑이, 사자, 뱀, 독수리, 기린, 코끼리, 원숭이, 하마), 게시판

'집 동물과 야생 동물' 활동자료

**활동목표**

■ 가축과 야생 동물의 차이점을 안다.

■ 집에서 동물을 기를 때 주의할 점을 안다.

**활동방법**

○ 집에서 기르는 동물에 대하여 이야기를 나눈다.

■ 집에서 동물을 기르는 사람이 있나요? 어떤 동물을 기르나요?

■ 집에서 기를 수 있는 동물에는 어떤 것들이 있을까요?

■ 이렇게 집에서 기르는 동물을 무엇이라고 부를까요?

• 집 동물, 가축

■ 가축은 집 안에서 기르기도 하고, 마당이나 농장에서 기르기도 해요.

○ 집에서 동물을 기르는 이유에 대해 이야기를 나눈다.

■ 집에서 어떤 동물을 기르나요?

• 개, 고양이, 거북이, 앵무새

■ 집에서 동물을 왜 기를까요?

• 예쁘다. 귀엽다. 친구로 지낸다. 집을 지켜 준다.

○ 집에서 동물을 기르는 방법과 유의점에 대해 이야기를 나눈다.

■ 동물을 어떻게 돌보아 주어야 하나요?

• 먹이를 잘 준다.

• 함부로 만지거나 귀찮게 하지 않는다.

• 동물이 깨끗이 지낼 수 있도록 동물의 몸을 씻어 주거나 동물의 집을 깨끗하게 청소해 준다.

■ 집에서 동물을 기를 때 어떤 점을 조심해야 할까요?

• 다른 사람들이 불편할 수 있으므로 동물이 짖지 않도록 가르친다.

• 밖에 데리고 나갈 때에는 오물을 담을 비닐봉지를 챙겨서 깨끗하게 뒤처리를 해 준다.

○ 야생 동물에 대해 이야기를 나눈다.

■ 집에서 기르지 못하는 동물에는 어떤 것들이 있나요?

• 호랑이, 사자, 뱀, 독수리, 기린, 코끼리, 원숭이, 하마 등

■ 집에서 기르지 못하는 동물들을 무엇이라고 할까요?

  • 야생 동물

■ 야생 동물은 어디에서 사나요?

  • 산, 들, 숲, 물가 등

■ 왜 집에서 기를 수 없나요?

  • 사람들을 공격해서 다칠 수 있다.

  • 사람을 잡아먹을 수 있다(육식동물).

  • 동물이 살아가는 데 필요한 것들(예: 먹이, 흙, 풀, 물 등)을 충분히 줄 수 없다.

  • 몸집이 커서 집을 만들어 주기 어렵다.

■ 야생 동물을 어디서 볼 수 있나요?

  • 산, 들, 숲, 물가 등에서 볼 수 있다.

  • 동물원에서 볼 수 있다.

  • 죽은 동물의 모형을 전시해 놓은 자연사 박물관에서 볼 수 있다.

**관련활동**

■ 이야기나누기 '동물이 옮기는 질병 예방하기' (63쪽 참고)

**애완 동물**

활동 **2** 유치원 동물 관찰하기

집단형태

자유선택활동

활동유형

실외 영역

활동자료

동물 먹이, 목걸이 수첩, 연필

**활동목표**

- 유치원에서 살고 있는 동물의 생김새와 생활습성을 안다.
- 동물을 사랑하는 마음을 가진다.

**활동방법**

○ 유치원에서 기르고 있는 동물을 관찰할 것임을 소개한다.

- 우리 유치원에서는 어떤 동물을 기르고 있나요?
    - 토끼
- 토끼가 어떻게 생겼는지, 어떻게 움직이고 무엇을 먹는지 직접 관찰해 볼 거예요. 세 모둠으로 나누어 마당 놀이 시간에 마당 정자에서 토끼를 관찰해 볼 거예요.
- 토끼를 관찰할 때 어떤 점을 주의해야 할까요?
    - 큰 소리를 내지 않는다.
    - 세게 잡거나 때리지 않는다.
- 원하는 사람들은 토끼를 만져 볼 수 있어요. 토끼를 미리 깨끗하게 목욕을 시켰지만 토끼를 만진 다음에는 바로 수돗가로 가서 물비누로 손을 씻어야 해요.

○ 마당 놀이 시간에 모둠별로 토끼를 관찰한다. 관찰한 내용을 목걸이 수첩에 기록하거나 그림으로 그린다.

- 토끼의 모습을 잘 관찰해 보세요. 얼굴, 몸통, 다리, 꼬리의 생김새를 자세히 관찰한 다음 수첩에 글씨를 써도 좋고 그림으로 그려도 좋아요.

○ 모둠별 활동이 끝난 후 교실로 들어와 동물을 관찰한 결과에 대해 이야기를 나눈다.

- 토끼의 생김새가 어떠했나요?
    - 귀가 길다.
    - 코에 수염이 있다.
    - 앞다리가 뒷다리보다 짧다.
    - 꼬리가 동그랗고 뭉툭하다.
- 토끼는 먹이로 무엇을 먹나요?
    - 풀, 나뭇잎, 나무껍질, 나무뿌리 등을 먹는다.
- 이렇게 토끼처럼 식물을 주로 먹고 사는 동물을 '초식 동물'이라고 해요.

○ 유치원에 있는 동물들을 잘 기르기 위해 해야 할 일에 대해 이야기를 나눈다.

■ 우리가 유치원에서 함께 기르는 토끼를 잘 돌보려면 어떻게 해야 할까요?

  • 먹이를 잘 준다.

  • 물이나 흙, 돌을 던지거나 뿌리지 않는다.

  • 큰 소리를 내지 않는다.

  • 손을 우리 속에 넣지 않는다.

  • 당번을 정하여 꾸준히 동물들을 보살피고 먹이를 줄 수 있도록 한다.

○ 유아들과 이야기한 바를 종이에 적고 동물을 관찰할 때 지켜야 할 약속 표시판을
만들어 동물장 앞에 부착한다.

○ 유아들이 목걸이 수첩에 관찰 기록한 것을 복사하여 벽면에 주제별로 게시해 준다.

**관련활동**

■ 이야기나누기 '집 동물과 야생 동물' (16쪽 참고)

## 활동 3 만약에

**집단형태**

대집단활동

**활동유형**

동시

**활동자료**

그림자료, 동시자료, 게시판

'만약에' 동시자료

**활동목표**

- 여러 가지 동물의 생김새와 생활습성을 안다.
- 단어의 뜻을 알고 활용한다.
- 반복된 구절을 낭송하여 운율을 느낀다.

**활동방법**

○ '만약에' 라는 단어에 대하여 유아들과 이야기를 나눈다.
- '만약' 이라는 말을 들어 본 적이 있나요? 어떨 때 사용하는 말인가요?
- ○○반 어린이들은 어떨 때 '만약에' 라는 말을 사용하나요?
- '만약에' 라는 말은 '지금 일어나고 있지 않은 일을 지금 있는 일인 것처럼 예상 해 보는 것' 이라는 뜻이에요.

○ '만약에' 라는 단어를 넣어서 유아들이 말을 만들어 볼 수 있도록 한다.
- '만약에' 라는 단어를 넣어서 말을 만든다면 어떻게 이야기해 볼 수 있을까요?

○ 동시를 소개한다.
- 영국의 크리스티나 로제티 작가도 '만약에' 라는 말을 넣어서 동시를 지었대요.

○ 동시를 들려준다.

○ 동시에 나오는 내용에 대하여 유아들과 이야기를 나눈다.
- 만약 쥐가 하늘을 날 수 있다면 어떨까요?
- 까마귀가 바다 속을 헤엄친다면 어떤 일이 벌어질까요?
- 정어리라는 물고기가 말을 할 수 있다면 제일 먼저 어떤 말을 하게 될까요?

○ 그림 자료를 이용하여 교사가 다시 한 번 동시를 낭송한다.

○ 유아들과 교사가 나누어서 낭송한다.

○ 처음부터 함께 낭송한다.

**확장활동**

- 동시를 배운 후 유아들도 '만약에' 라는 말을 넣어서 동시를 직접 지어 본다. 유 아들이 지은 동시는 벽면에 게시하여 친구들과 함께 공유할 수 있도록 한다.

만약에 귀상어가 하늘을 날 수 있다면 미국으로 가겠지 소가 우주에 산다면 소가 작아지겠지

만약에 독수리가 집만 하다면 무거워서 날지 못하겠지 날지 못하면 타조같이 되겠지

동시

# 만약에

### 크리스티나 로제티

만약에 쥐가 날아다닐 수 있다면
만약에 까마귀가 헤엄칠 수 있다면
만약에 정어리가 말을 하고 다닌다면
나도 그렇게 해 보고 싶어요.

만약에 쥐가 날아다닐 수 있다면
쥐는 더 하늘을 훨훨 날아다니겠지요.
만약에 까마귀가 헤엄칠 수 있다면
까마귀는 잿빛으로 변하겠지요.
그런데 정어리가 말을 하고 다닌다면
무슨 얘기부터 꺼낼까요?

## 활동 4 작은 흰 쥐

**집단형태**
대집단활동

**활동유형**
율동

**활동자료**
그림자료(시계 및 작은 생쥐 그림), 게시판

'작은 흰 쥐' 그림자료

**활동목표**

- 쥐의 생김새와 생활습성에 대하여 안다.
- 노래에 맞추어 규칙성 있는 동작을 표현한다.
- 민첩성을 기른다.

**활동방법**

○ 융판 자료를 이용하여, 노랫말의 내용을 이야기로 들려준다.

- 옛날에 어느 집에 아주 큰 시계가 하나 있었어요. 이 시계는 어떤 소리를 냈을까요?
  - 똑딱똑딱, 째깍째깍 등
- 그 집에는 아주 아주 작은 동물들이 살고 있었어요. 누가 살고 있었을까요?
  - 쥐
- 그래요. 쥐 중에서도 작은 흰 쥐들이 살고 있었어요. 아주 아주 고요한 밤에, 그런데 '고요하다'는 말은 무슨 말일까요? 아주 조용하다는 말이에요. 작은 흰 쥐들이 "어? 저게 뭘까?" 하면서 시계 옆으로 살금살금 기어갔어요. 그런데 시계가 갑자기 한 시를 (손뼉을 치면서) '땡' 치니 쥐들은 어떻게 했을까요?
  - 깜짝 놀라 도망갔다.
- 이런 이야기가 있는 노래가 있어요. 잘 들어 보세요.

○ 교사가 노래를 불러주고 유아들이 듣는다.

○ 노래의 멜로디를 들어본 후 유아들과 함께 불러본다.

○ 노래를 부르다가 '한 시 땡 치니' 할 때 손뼉 또는 악기로 소리를 낸다.

○ 율동하는 방법을 알려 준다.

- ○○○반 어린이들이 시계와 흰쥐 역할을 맡아 율동을 해 볼 거예요.
- 흰 쥐 역할을 맡은 사람들이 원을 만들고 시계 역할을 맡은 사람이 원 가운데에 들어가 서요.

① 고요한 밤 흰 쥐가 살그미

- 원을 만든 흰 쥐들이 손을 잡고 왼쪽으로 걸어가요.

② 시계 곁에 갈 때에

- 흰 쥐들이 손을 놓고 살금살금 시계 곁으로 기어가세요.

③ 한 시 땡치니 놀라 도망간다.

　■ 시계가 큰 소리로 손뼉(악기)을 한 번 치세요.

　■ 이때 흰 쥐들은 기어서 뒤쪽으로 도망가세요. 다시 큰 원을 만드는 거예요.

④ 작은 흰 쥐 혼났다.

　■ 도망간 쥐들이 일어나서 제자리에서 한 바퀴 뛰면서 도세요.

　■ 제자리에 서서 '혼났다' 노래 소리에 맞추어 손뼉을 세 번 치세요.

○ 교사와 유아 7~8명이 나와서 '작은 흰 쥐' 율동하는 것을 보여 준다.

○ 관람하는 유아들과 함께 평가한다.

　■ '흰 쥐'를 한 유아들이 어떻게 시계 곁에 갔나요?

　　• 네 발로 살금살금 기어서 갔다.

　■ 도망갈 때는 어떻게 했나요?

　　• 네 발로 기어서 재빨리 도망갔다.

○ 유아 7~8명씩 한 조가 되어서 율동한다.

○ 간주가 나오는 동안 시계가 되었던 유아는 다음에 시계가 될 유아에게 인사를 하고 쥐를 맡았던 유아는 자리를 정돈한다. 인사를 받은 유아가 시계가 되어 율동을 계속한다. **ⓣIP**

애완 동물

**ⓣIP** 간주는 마지막 네 마디를 한 옥타브 올려서 쳐준다.

| 설명 | 동작 |
|---|---|
| **① 고요한 밤 흰 쥐가 살그미**<br>한 유아가 시계가 되어 원 안에서 시계처럼 움직이고, 다른 유아들은 작은 흰 쥐가 되어 손을 잡고 시계 반대 방향으로 8박자 걷는다. |  |
| **② 시계 곁에 갈 때에**<br>흰 쥐를 맡은 유아들은 손을 놓고 엉금엉금 기어서 시계 가까이에 간다. |  |

쥐들이 시계 곁으로 모여들기

시계가 한 시를 알리는 종치기

쥐들이 시계의 종소리 듣고 도망가기

| 설명 | 동작 |
|---|---|
| ③ **한 시 땡 치니**<br>시계가 된 유아가 손뼉(악기)으로 '땡' 친다. |  |
| ④ **놀라 도망간다**<br>흰 쥐들이 기어서 뒤쪽으로 도망간다. |  |
| ⑤ **작은 흰 쥐**<br>흰 쥐들은 빨리 일어나서 제자리에서 한 바퀴 뛰면서 돈다. |  |
| ⑥ **혼났다**<br>다 함께 손뼉을 세 번 친다. |  |

## 유의점

■ 쥐 역할을 맡은 유아들이 도망가는 부분에서 너무 빨리 먼 곳까지 기어가면 서로 부딪힐 수 있고 다음 율동을 위한 자리 정돈이 어려울 수 있다. 따라서 율동을 시작하기 전에 유아들에게 어디까지 도망갈 수 있는지 알려 준다.

## 관련활동

■ 신체(게임) '고양이와 방울' (26쪽 참고)

## 악 보

### 작은 흰 쥐

외국곡
편곡 김순세

가볍게

고 요 한 밤 흰 쥐 가 살 그 미

시 — 계 — 곁 에 — 갈 때 에

한 — 시 — 땡 치 니 놀 라 도 망 간 — 다

작 — 은 — 흰 쥐 — 혼 났 다

## 활동 5 고양이와 방울

**집단형태**

대집단활동

**활동유형**

신체(게임)

**활동자료**

생선 모형에 방울 달은 것(또는 손잡이가 달린 방울 악기)

고양이가 안 보는 사이에 생선을
가져 올 쥐 정하기

고양이 몰래 생선 방울 가져오기

**활동목표**

■ 고양이와 쥐의 생김새 및 생활습성에 대해 안다.

■ 주의를 기울여 소리를 듣고, 소리가 나는 위치를 파악한다.

■ 움직임이 눈치 채이지 않도록 조심스럽게 기어간다.

**활동방법**

○ 게임을 할 수 있도록 원 대형으로 앉는다.

○ 교사가 '고양이와 생선 방울'에 대한 이야기를 들려준다.

■ 어느 날 고양이가 맛있는 생선을 먹다가 남겨 놓고 잠이 들었어요. 이것을 본 쥐들이 고양이 몰래 살금살금 가서 생선을 가지고 왔어요. 고양이가 잠에서 깨 보니 생선이 있었을까요? 그래서 고양이는 '옳지, 쥐들이 가져갔을 거야.' 라고 생각하고, 쥐들에게 물어봤어요. 그랬더니 쥐들이 다 아니라고 고개를 흔드는 거예요. 고양이는 쥐들에게 몸을 흔들어 보라고 했어요. 왜냐하면 고양이가 생선에다가 방울을 매달아 놓았거든요. 생선을 가진 쥐가 몸을 흔들면 어떻게 될까요?

• 방울소리가 난다.

○ 방울 달린 생선을 보여 주고 게임방법을 추측해 본 후 교사가 게임방법을 설명해 준다.

■ 방울 달린 생선으로 어떻게 게임할 수 있을까요?

• 고양이는 원 안에 들어가 가운데 엎드리고, 고양이 뒤에 방울 달린 생선을 놓는다.

• 원에 앉아 있는 유아 중 한 명이 쥐가 되어 방울 달린 생선을 고양이 몰래 가져오고, 고양이는 생선을 가져간 쥐를 찾아낸다.

■ 그런데 쥐가 방울을 가져갈 때에는 조심해야 할 점이 있어요.

• 고양이가 깨지 않도록 방울 소리를 내지 않는다.

• 쥐가 방울을 소리 내서 가지고 갈 경우: 고양이는 '야옹' 하고 일어나 쥐를 잡는다. 잡힌 쥐는 술래(고양이)가 된다.

• 쥐가 방울소리를 내지 않고 가져간 경우: 방울을 가진 유아와 함께 모든 유아들이 손을 뒤로 하고 방울을 가진 것처럼 흔든다. 고양이는 원 안을 돌면서 누

가 방울을 가지고 있나 소리만 듣고 찾아내어 그 사람 앞에 가서 인사를 한다.

- 인사를 받은 사람이 방울을 가지고 있는 경우 그 사람이 술래(고양이)가 된다.
- 인사를 받은 유아가 방울을 가지고 있지 않을 때에는 다시 방울을 가진 사람을 찾는다.

○ 역할을 정한다.

■ 누가 고양이를 해볼까요?

- 고양이가 된 유아는 원 중앙에 들어가 눈을 가리고 엎드린다.
- 교사는 방울을 고양이 뒤에 놓는다.

■ 누가 방울을 가져올까요?

- 고양이가 된 유아가 눈을 가리고 엎드리는 동안 교사가 쥐를 할 유아를 손짓 또는 눈짓으로 알려 주면 그 유아는 소리 나지 않게 방울을 가져온다.

○ 게임을 한다. **T**IP

○ 게임을 평가한다.

■ 게임을 해보니 어땠나요?

■ 게임을 더 재미있게 하려면 어떻게 해야 할까요?

관련활동

■ 신체(게임) '엄마 고양이와 새끼 고양이들' (28쪽 참고)

애완 동물

**T**IP 유아들이 게임을 하는 동안 방울 달린 생선을 누가 가져갔는지 고양이가 눈치 채지 않게 유아들에게 표정을 관리하도록 지도한다.

가져온 생선 방울을 몸 뒤에 숨기기

소리 듣고 생선 방울을 가져간 쥐 찾기

# 엄마 고양이와 새끼 고양이들

**집단형태**

소집단활동(약 10명)

**활동유형**

신체(게임)

**활동자료**

신호악기(우드블록, 트라이앵글, 탬버린 등)

**⊤IP** 고양이를 답으로 하는 수수께끼는 난이도가 쉬우므로 유아들에게 수수께끼를 내도록 부탁할 수 있다.

잠이 든 엄마 고양이

엄마 고양이가 잠 든 동안에
숨은 새끼 고양이

**활동목표**

- 고양이의 생김새와 생활습성에 대해 안다.
- 다른 사람의 관점에서 사물의 위치를 파악한다.

**활동방법**

○ 수수께끼를 통해 활동을 도입하고 게임 내용에 대한 이야기를 들려준다.

- 어떤 동물에 대한 수수께끼를 낼 테니 잘 듣고 맞추어 보세요. **⊤IP**
- 옛날에 엄마 고양이와 새끼 고양이가 함께 살고 있었어요. 어느 날 엄마 고양이가 낮잠을 자고 있는 동안 새끼 고양이들이 심심해서 재미있는 놀이가 없을까 생각을 했어요. 그리고 새끼 고양이들은 엄마 고양이가 낮잠이 든 사이에 집 안 곳곳에 숨었어요. 엄마 고양이가 낮잠에서 깨어나서 어떻게 했을까요?
- 만약 여러분들이 새끼 고양이고 이곳이 고양이 집이라면 어디에 숨었을까요?
- 엄마 고양이가 낮잠에서 깨어 일어나 새끼 고양이들을 찾기 시작했어요. 한 마리, 두 마리 …… 고양이 모두를 금방 다 찾을 수 있었어요. 어떻게 금방 찾을 수 있었을까요?
  - 새끼 고양이의 몸이 ○○ 밖으로 보여서 찾을 수 있었다.
  - '야옹' 소리를 듣고 찾을 수 있었다.
- 오늘은 엄마 고양이가 새끼 고양이들을 찾는 게임을 할 거예요.
- 어떻게 게임할 수 있을까요?

○ 엄마 고양이, 새끼 고양이들을 정한다.

- 게임을 하려면 어떤 역할이 필요할까요? 누가 엄마(새끼) 고양이 역할을 해 볼까요?

○ 엄마 고양이가 낮잠을 자고 있는 동안 새끼 고양이들은 교실 이곳저곳으로 흩어져서 숨는다. 새끼 고양이들은 숨은 장소에서 움직이지 않는다.

○ 교사가 악기로 신호를 하면 엄마 고양이는 잠에서 깨어나 새끼 고양이들을 찾기 시작한다.

○ 새끼 고양이들은 엄마 고양이가 들을 수 있도록 '야옹' 하고 울음소리를 낸다.

○ 엄마 고양이는 울음소리가 나는 곳으로 가서 새끼 고양이들을 찾는다.

○ 다른 유아들과 역할을 바꿔서 게임한다.

**유의점**

■ 장소가 넓을 경우에는 숨을 장소의 범위를 제한하여 엄마 고양이를 맡은 유아
가 보다 어렵지 않게 새끼 고양이들을 찾을 수 있도록 한다.

**확장활동**

■ 유아들이 게임에 익숙해질 경우 게임의 내용을 변형한다. 예를 들어, 유아들은
고양이 편과 개 편으로 나누어 어느 편이 새끼 고양이 혹은 강아지를 더 빨리 찾
는지 게임해 본다. 집단의 크기를 늘리고 엄마 고양이를 맡은 유아의 수를 2~3
명으로 늘려 게임할 수 있다.

**관련활동**

■ 신체(게임) '고양이와 방울' (26쪽 참고)
■ 신체(게임) '부활절 달걀 찾기 I' ('봄' 생활주제 142쪽 참고)

엄마 고양이들이 새끼 고양이들 찾기

활동
**7**
물과 기름

**집단형태**
대집단활동

**활동유형**
과학

**활동자료**
물, 기름, 갱지, 트레팔지(기름종이), 붓, 컵 2개, 식용색소 또는 잉크, 오리가 헤엄치는 동영상

**활동목표**

- 물과 기름은 서로 섞이지 않음을 안다.
- 오리가 물에 잘 뜨는 이유를 안다.

**활동방법**

○ 오리를 본 유아의 경험을 듣는다.
  - 오리를 어디에서 보았나요?
  - 오리가 무엇을 하고 있었나요?
○ 오리가 물에서 헤엄을 치고 있는 동영상을 시청한다.
○ 오리가 어떻게 헤엄을 잘 칠 수 있는지 생각해 보고 의견을 나눈다.
  - 오리가 어떻게 헤엄을 잘 칠 수 있을까요?
    • 물갈퀴가 있다.
    • 헤엄칠 때 발이 몸 뒤쪽으로 휘어져서 헤엄치기 편리하다.
    • 몸에서 기름이 나온다.
  - 오리는 몸에서 기름이 나오기 때문에, 그 기름이 털에 묻게 되요.
  - 그런데 왜 기름이 묻으면 물에 쉽게 뜰 수 있을까요?
    • 털에 기름이 묻으면 물에 젖지 않는다. 털이 물에 젖으면 물이 들어간 만큼 무거워지는데, 오리는 털에 기름이 있어 물에 젖지 않고 가볍게 헤엄을 잘 칠 수 있다.
○ '물과 기름' 실험을 소개한다.
  - 물과 기름이 섞이는지 섞이지 않는지 직접 알아봅시다.
    • 빈 비커에 물을 붓고, 식용색소를 1티스푼 넣어서 물의 색을 변하게 한다.
    • 물이 든 비커에 기름을 몇 방울 떨어뜨리고, 물과 기름의 상태를 관찰한다.
○ 갱지와 트레팔지(기름을 바른 종이)에 각각 물을 1방울씩 떨어뜨려 본다.
  - 갱지에 물방울을 떨어뜨려 봅시다. 물방울이 어떻게 되나요?
    • 갱지는 물을 흡수하기 때문에 물방울이 종이에 스며든다.
  - 트레팔지(기름을 바른 종이)에 물방울을 떨어뜨려 봅시다. 물방울이 어떻게 되나요?
    • 기름과 물은 섞이지 않기 때문에, 기름을 바른 종이에는 물이 흡수되지 않고 종이 위에 물방울 모양으로 남아 있다.

식용 색소를 탄 물에 기름 떨어뜨리기

갱지와 트레팔지에 물방울 떨어뜨리기

**관련활동**

- 이야기나누기 '집 동물과 야생 동물' (16쪽 참고)
- 조형 영역 '마블링' (31쪽 참고)

## 활동 8 마블링

**활동목표**

■ 물과 기름은 서로 섞이지 않음을 안다.
■ 물과 기름이 섞이지 않는 특성을 작품 만드는 데에 활용한다.

**활동방법**

○ 책상에 비닐이나 신문지를 깐다.
○ 교사가 유성물감을 테라핀유에 풀어서 물감통에 담아 준다.
○ 활동방법을 소개한다.

■ 종이에 이름을 쓰세요. ⓣIP 1
■ 쟁반에 물을 담으세요.
■ 물감통의 물감을 쟁반에 있는 물에 떨어뜨려 보세요. 그리고 나무젓가락으로 물감을 저어 보세요.
■ 물감이 어떻게 될까요? 물감이 물에 번질까요? 다른 색 물감끼리 섞일까요?
   • 물감에 기름이 있어 물과 섞이지 않을 것이다. 물감끼리 서로 섞이지 않을 것이다.
■ 종이를 대면 어떻게 될까요?
   • 물감이 찍혀져 나올 것이다.
■ 종이를 댄 후에 집게로 종이를 집어 건져 내세요. ⓣIP 2
○ 활동방법대로 마블링을 한다.

물 위에 물감 떨어트리고 젓기

종이에 찍기

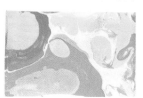

완성 작품

**집단형태**
자유선택활동

**활동유형**
조형 영역

**활동자료**
유성물감, 테라핀유, 물감 통, 물통, 쟁반, 집게, 소독저, 건조대, 빨래집게, 필기구(색연필, 연필), 타이프용지나 모조지, 비닐이나 신문지, 비닐 작업복

마블링 작업 준비

ⓣIP 1 종이에 이름을 쓸 때 사인펜이나 매직을 사용하는 경우 이름이 번질 수 있으므로 색연필 혹은 연필로 적도록 한다.

1. 이름을 쓴다.
2. 물감을 그릇에 부어 놓는다.
3. 젓가락으로 휘젓는다.
4. 종이를 덮었다가 집게로 건진다.

마블링 순서도

**TIP 2** 집게로 건져낼 때 종이에서 기름이 떨어지지 않도록 남은 물감을 잘 털어낸다.

**TIP 3** 벽면에 작품을 전시할 때 기름이 벽에 배이지 않도록 배지를 붙인다.

○ 교실 벽면에 작품을 전시한다. **TIP 3**

### 유의점

- 유아들이 테라핀유를 직접 만지지 않도록 교사가 미리 물감에 테라핀유를 섞어 준비해 둔다.

### 관련활동

- 과학 '물과 기름'(30쪽 참고)

## 활동 9 스펀지 그림

### 활동목표

- 좋아하는 동물의 생김새를 표현한다.
- 스펀지의 특성을 알고 작품을 만드는 데에 활용한다.

### 활동방법

○ 스펀지를 유아들과 함께 탐색한다.

- 이것이 무엇일까요?
- 언제 사용해 보았나요?
  - 설거지할 때
  - 목욕할 때
- 어떻게 생겼나요?
  - 자세히 살펴보면 작은 구멍이 많이 뚫려 있다. 그래서 물을 잘 빨아들이고 비누 거품이 잘 만들어진다.
- 만지면 느낌이 어떤가요?
  - 부드럽다. 푹신하다.

○ 다양한 모양의 스펀지와 스펀지 사용 방법을 소개한다.

- 스펀지로 어떻게 그림을 그릴 수 있을까요?
  - 도장을 찍는다.
  - 붓처럼 사용한다.

○ 유아들과 이야기를 나누어 그림의 주제를 정한다(예: 동물원, 동물 농장, 숲 속 등).

- 숲을 그려 봅시다.
- 숲에는 무엇이 있나요? 넓은 숲을 혼자 그리기 힘드니까 여러 사람이 같이 그려 보아요.
- ○○는 누가 그릴까요? △△는 누가 그릴까요?
- 각자 맡은 부분을 다 그리면 숲이 완성될 거예요.

○ 작품을 구성한다. 스펀지 붓으로 그림을 그리거나 동물 모양의 스펀지를 찍는다.

○ 완성된 작품을 건조대에 말린다.

○ 완성한 공동작품은 벽면에 게시하거나 천장에 드리운다.

### 집단형태

자유선택활동

### 활동유형

조형 영역

### 활동자료

여러 가지 크기와 재질의 스펀지붓, 동물 모양의 스펀지, 아크릴 물감 **T** IP, 아세테이트지(1×1.3m 크기로 자른 것), 건조대, 물감 타는 그릇

> **T** IP 아크릴 물감 대신 일반 수채 물감에 주방용 세제를 1:1 비율로 섞어서 사용하면 아세테이트지에 쉽게 묻어나면서 물로 지워낼 수 있어 사용하기 편리하다.

스펀지 그림 그리기

완성작품

## 활동 10 버려진 동물들

**집단형태**
대집단활동

**활동유형**
사회

**활동자료**
유기동물 사진

**활동목표**

- 애완동물을 잘 돌보아 준다.
- 버려진 동물에 관심을 갖고, 동물을 소중히 여기는 태도를 갖는다.

**활동방법**

○ 동물을 기르고 있는 유아들에게 동물을 기를 때의 좋은 점과 힘든 점에 대한 이야기를 듣는다.

- 집에서 동물을 기르고 있나요? 어떤 동물을 기르고 있나요?
- 동물을 기르니까 어떤 점이 좋은가요? 언제 즐거웠나요?
- 동물을 기르니까 어떤 점이 힘든가요? 그래서 어떻게 했나요?

○ 버려진 동물의 사진을 보면서 이야기를 나눈다.

- 혼자 돌아다니는 개나 고양이를 본 적이 있나요?
- 어디에서 보았나요? 동물들은 무엇을 하고 있었나요? 어떤 모습이었나요?
- 왜 그 동물들은 혼자 다니는 것일까요?
  - 주인을 잃어버려서
  - 주인이 집에서 기르다가 버려서
- 만약에 우리가 길을 가다가 부모님을 잃어버렸다면 어떤 마음이 들까요?
  - 무서운 마음, 슬픈 마음, 걱정스러운 마음, 속상한 마음 등
- 동물들도 우리와 같이 마음을 가지고 있고, 살아 있는 생명체이기 때문에 괴롭히거나 함부로 버려서는 안 돼요. 그러나 몇몇 사람들은 동물을 기르다가 힘들어지면 버리기도 해요.
- 동물이 버려지면 어떻게 될까요?
  - 먹을 것이 없어서 굶어 죽을 수 있다.
  - 씻지 못해서 더러워진다.
  - 병에 걸릴 수 있다.

○ 버려진 동물을 위해 애쓰시는 분들에 대해 이야기를 나눈다.

- 주인을 잃어버렸거나 버려진 동물들을 위해 일하시는 분들이 계세요. 어떤 일을 하시는지 알아보아요.
  - 위험에 처해 있는 동물을 치료해 주신다.

- 주인이 없는 동물들을 보호해 주었다가 새로운 주인을 만날 수 있게 해 주신다.
- 다른 사람들에게 동물을 사랑하고 잘 돌보아야 한다는 것을 알려주신다.

○ 버려진 동물을 위해 우리가 할 수 있는 일에 대해 이야기를 나눈다. TIP

■ 버려져 있거나 도움이 필요한 동물을 보면 어떻게 해야 할까요?
- 부모님께 말씀드려서 동물병원에 데리고 간다.
- 큰 동물일 때에는 119에 신고한다.
- 혼자 돌아다니는 동물 중에는 버려진 것이 아니라 어미와 다른 장소로 이동하고 있거나, 주인이 잠깐 혼자 산책하게 풀어 둔 것일 수 있다. 그러므로 주변에 있는 어른들께 도움을 요청한다.

■ 또 동물을 위해 무엇을 할 수 있을까요?
- 동물을 키울 때 사랑하는 마음을 가지고 정성껏 돌본다.
- 동물을 키우고 싶으면 주인에게 버려진 다음 동물 보호소에 있는 동물들을 입양한다.

### 유의점
■ 유아들은 유기동물을 발견할 때 구조가 필요한 경우와 구조를 미루어야 하는 경우를 판단하기 어렵다. 따라서 유아들이 직접 유기동물을 구조하기보다는 성인에게 도움을 요청하도록 지도한다.

### 관련활동
■ 사회 '동물보호 운동' (114쪽 참고)
■ 이야기나누기 '집 동물과 야생 동물' (16쪽 참고)

TIP 유기동물을 구조하고 보호하는 것보다도 동물을 사랑하는 마음을 가지고 기르면서 유기동물이 생기지 않도록 하는 것이 더 중요함을 인식하도록 한다.

버려진 동물을 위해 할 수 있는 일 포스터

# 2. 농장 동물

## 활동 1 동물과 부산물 짝짓기

**집단형태**

자유선택활동

**활동유형**

수학 · 조작 영역

**활동자료**

여러 종류의 동물 그림카드, 여러 가지 물건 그림카드

**TIP**

동물과 부산물 짝짓기 활동자료

**TIP** 서로 짝이 되는 카드는 같은 색의 테두리를 해 주어, 유아들이 맞는 짝을 찾았는지 스스로 확인할 수 있도록 한다.

동물과 부산물 짝짓기

**활동목표**

■ 농장 동물의 종류를 안다.
■ 농장 동물들이 우리에게 주는 이로운 점에 대해 알고 그 부산물이 우리 생활에 쓰이고 있음을 안다.

**활동방법**

○ 수학 · 조작 영역 교구의 구성물을 살펴본다.

■ 바구니에 무엇이 있나요?

• 여러 종류의 동물 그림카드, 여러 가지 물건 그림카드

■ (동물 그림카드를 보며) 이 동물의 이름은 무엇인가요?

■ 이 동물은 사람들에게 어떤 도움을 주나요?

• 젖소: 우유를 먹을 수 있다.

• 돼지: 돼지고기로 소시지를 만들어 먹을 수 있다.

• 닭: 닭이 낳은 달걀로 음식을 먹을 수 있다.

• 양: 양의 털로 털실을 만들 수 있다. 털실로 장갑, 목도리 등을 만든다.

• 오리: 오리의 털로 잠바를 만들어 입거나 이불을 만들어 덮는다.

• 소: 소고기로 햄버거를 만들어 먹을 수 있다.

• 말: 말의 꼬리로 바이올린 활을 만들 수 있다.

○ 짝이 되는 그림카드들을 살펴보고 각각의 동물과 동물들로부터 받는 도움에 대하여 생각해 본다.

■ 이 그림카드들에는 우리가 그 동물로부터 얻는 것들이 그려져 있어요. 맞는 짝을 찾아보세요.

○ 놀이를 마친 후 교구를 분류 · 정리한 뒤 교구장에 가져다 놓는다.

## 활동 2 무엇을 주련

**활동목표**

- 농장 동물의 종류를 안다.
- 농장 동물들이 우리에게 주는 이로운 점에 대해 알고 그 부산물이 우리 생활에 쓰이고 있음을 안다.

**활동방법**

○ 동물 그림과 동물의 부산물 짝짓기 주의집중을 하며 모여 앉는다. **T**IP

○ 유아들에게 소가 주는 부산물에 어떤 것이 있는지 이야기한다.

- 소는 우리에게 어떤 좋은 것들을 주나요?
  - 우유, 고기, 버터, 치즈 등을 준다.

○ 유아들에게 노래를 들려주고, 질문과 대답하는 부분을 나누어 부른다.

○ 동물들의 부산물을 보고 어떤 동물의 것인지 이야기한 후 노랫말을 바꾸어서 부른다(닭, 돼지, 양, 말 등).

- 이것은 무엇일까요? 이것은 어떤 동물에게서 얻을 수 있을까요?
  - 닭 - 꼬꼬댁 - 달걀, 닭고기, 폭신한 깃털
  - 돼지 - 꿀꿀 - 햄, 돼지고기, 편리한 구둣솔
  - 양 - 메에 - 따뜻한 털옷
  - 말 - 이히힝 - 내 등에 태워다 줄게

**관련활동**

- 수학 · 조작 영역 '동물과 부산물 짝짓기'(38쪽 참고)

**악보**

### 무엇을 주련

소 야 소 야   나 에 게   무 엇 을 주 련

음 매 음 매   맛 있 는   우 유 를 주 지

---

**집단형태**

대집단활동

**활동유형**

노래

**활동자료**

노래자료(소 · 닭 · 돼지 · 양 · 말 등의 그림, 부산물 그림), 게시판

'무엇을 주련' 노래자료

**T**IP 노래가 쉬우므로 전이 · 주의집중 때 배울 수 있으며, 유아들이 가락에 익숙해지면 실로폰, 핸드벨 등으로 연주하며 노래를 불러 볼 수 있도록 격려한다.

**집단형태**
대집단활동

**활동유형**
노래

**활동자료**
그림자료, 게시판, 동물 울음
소리 녹음자료, 카세트 플레
이어

**활동목표**

■ 농장 동물의 종류를 안다.
■ 농장 동물의 울음소리에 관심을 갖는다.

**활동방법**

○ 숨은 그림을 찾아보며 노랫말을 도입한다.

■ 한 시골 마을에 동물 농장이 있었어요. 농장에 어떤 동물들이 살고 있는지 그림
  을 잘 살펴봅시다.
■ 먼저, 암탉을 찾아봅시다. 암탉은 어디 있나요?
  • 닭장
■ 암탉의 울음소리를 흉내내 봅시다.
  • 꼬꼬댁
■ 이번에는 울음소리를 듣고 어떤 동물인지 맞춰 보세요. 누구의 울음소리인가요?
  • 거위
■ 거위는 어디에 있나요?
  • 문간 옆
■ 문간 옆에서 무엇을 하고 있을까요?
■ 거위의 울음소리를 듣고 흉내내 봅시다.
  • 꽥꽥꽥
■ 염소는 어디에 있을까요?
  • 배나무 밑
■ 배나무 밑에서 무엇을 하고 있는 것일까요?
■ 이번에도 울음소리를 듣고 어떤 동물인지 맞춰 봅시다. 누구의 울음소리인가요?
  • 송아지
■ 송아지는 어디에 있나요?
  • 외양간
■ 송아지의 울음소리를 흉내내 봅시다.

○ 교사가 노래를 들려준다.

■ 동물 농장에 있는 동물들이 한데 모여 노래를 불렀다고 해요. 잘 들어 봅시다.

○ 멜로디를 들려준다. TIP

○ 유아들과 함께 노래를 부른다.

**관련활동**

■ 이야기나누기 '우리가 좋아하는 동물' (46, 74, 77, 134쪽 참고)

**악 보**

# 동물 농장

작곡 로드바기스

1. 닭 장 속 에 는  암 닭 이 (꼬꼬댁) 문 간 옆 에 는  거 위 가 (꽥꽥꽥)
2. 깊 은 산 속 에  뻐 꾸 기 (뻐뻑꾹) 높 은 하 늘 엔  종 달 새 (부르르)

배 나 무 밑 엔  염 소 가 (매애애) 외 양 간 에 는  송 아 지 (음매)
부 뚜 막 위 엔  고 양 이 (야옹) 마 루 밑 에 는  강 아 지 (멍멍)

닭 장 속 에 는  암 닭 들 — 이  문 간 옆 에 는  거 위 들 — 이
깊 은 산 속 엔  뻐 꾸 기 — 가  높 은 하 늘 엔  종 달 새 — 가

배 나 무 밑 엔  염 소 들 — 이  외 양 간 에 는  송 아 지 —
부 뚜 막 위 엔  고 양 이 — 가  마 루 밑 에 는  강 아 지 —

우 — — — —  우 — — — —

우 — — — —  우 — — — —

## 활동 4 동물의 알 관찰하기

**집단형태**

자유선택활동

**활동유형**

과학 영역

**활동자료**

여러 종류의 동물 알 표본
**TIP**, 동물 사진, 돋보기,
자, 끈, 가위

**TIP** 동물 알 표본은 사전에
내용물을 뺀 것으로 준비한다.

**활동목표**

- 새는 알을 낳는 동물임을 안다.
- 여러 종류 알의 특징을 탐색한다.
- 알의 길이를 측정하고 순서 짓는다.

**활동방법**

○ 과학 영역에 준비되어 있는 여러 종류의 동물 사진과 동물 알 표본을 살펴본다.
  - (동물 사진을 보며) 어떤 동물들의 사진이 있나요?
    - 타조, 거위, 칠면조, 오리, 오골계, 꿩, 닭의 사진이 있다.
  - (유아들이 친숙하지 않은 동물들의 이름을 모를 경우) 이 동물의 이름은 오골계
    (꿩, 칠면조 등)라고 해요.
  - 이 동물들의 공통점은 무엇인가요?
    - 모두 날개가 있는 새다.
  - 맞아요. 이 동물들은 모두 날개를 갖고 있는 새예요. 또 다른 공통점이 있을까
    요?
    - 알을 낳는다.
  - (동물 알 표본을 보며) 새들이 낳은 알을 준비했어요.
○ 여러 종류의 알의 특징을 한 종류씩 관찰한다.
  - (오리알을 보면서) 이렇게 생긴 알을 본 적이 있나요? 색깔이 어떤가요?
    - 하얀색이다.
  - 모양이 어떤가요?
    - 동그랗다. 약간 길쭉하다. 타원형이다.
  - 이렇게 길쭉하게 동그란 모양을 타원이라고 해요.
  - 어떤 무늬가 있나요?
    - 무늬는 없지만 껍데기가 매끄럽지 않고 까칠해 보인다.
  - 표면이 까칠한 것을 더욱 자세히 보려면 무엇을 사용하면 좋을까요?
    - 돋보기를 사용한다.
  - 우리가 관찰한 이 알은 어떤 새의 알일 것 같나요?
    - 오리(닭, 오골계 등)의 알일 것 같다.

■ (알의 표면에 적힌 이름을 보여 주며) 이 알은 오리가 낳은 것이에요.

○ 각 알들의 크기를 비교한다.

■ 어떤 동물의 알이 가장 큰가요?

　• 타조의 알이 가장 크다.

■ 어떤 동물의 알이 가장 작은가요?

　• 꿩의 알이 가장 작다.

■ 칠면조, 오리, 오골계, 닭의 알들은 크기가 서로 어떤가요?

　• 크기가 거의 비슷해 보여 한 눈에 어느 새의 알이 더 큰지 알기 어렵다.

■ 어떻게 하면 어느 새의 알이 더 큰지 혹은 더 작은지 알 수 있을까요?

　• 알의 길이를 재어 보고 비교한다.

■ 알의 길이를 어떻게 잴 수 있을까요?

　• 줄자로 알의 길이를 잰다.

■ 친구와 짝이 되어서 알의 길이를 잴 수 있어요. 한 사람이 알을 잘 잡고 다른 사람은 줄자로 알의 길이를 재어 보세요.

■ 어떤 새의 알이 가장 긴가요? 순서대로 사진을 붙여 봅시다.

**유의점**

■ 알이 깨지기 쉬우므로 활동 전에 유아들과 어떤 점을 조심해야 하는지 약속을 정한다(예: 떨어뜨리지 않도록 조심하기, 알을 세게 누르지 않기 등).

## 활동 5 안개 그림

**집단형태**

자유선택활동

**활동유형**

조형 영역

**활동자료**

칫솔, 체(물감이 분사될 수 있을 정도로 구멍이 너무 작지 않은 것), 도화지, 가위, 크레파스, 동물 본, 물감, 물감을 풀 그릇, 건조대, 작업 순서도

안개 그림 순서도

**활동목표**

■ 농장 동물의 종류를 안다.

■ 도구의 사용방법을 알고 작품 만들기에 활용한다.

**활동방법**

○ 준비물을 보며 활동방법을 이야기 나눈다.

■ 조형책상에 준비된 것들을 살펴봅시다. 무엇이 있나요?

• 칫솔, 체, 물감그릇, 도화지, 동물그림 본

■ (교사가 미리 만든 작품을 보여 주며) 이 준비물들로 선생님이 먼저 작품을 만들어 봤어요. 어떻게 만들었는지 살펴봅시다.

• 동물 본을 대고 그리거나 직접 동물을 그린 후 모양대로 자른다.

• 자른 종이를 도화지에 올려 놓는다.

• 동물 종이를 올려놓은 도화지 위에 체를 놓는다.

• 칫솔에 물감을 묻히고 체에 대고 비빈다.

■ 물감 묻은 칫솔을 체에 대고 비비면 물감이 어떻게 될까요?

• 물감이 체에 있는 구멍 사이로 튀어나와 종이 위에 흩뿌려진다.

■ 동물 모양 종이를 떼어내면 어떤 모양이 생길까요?

• 동물 모양 종이가 있던 곳만 물감이 묻지 않아 동물 모양이 나타난다.

○ 순서대로 안개 그림을 그린다.

동물 모양 그리기

동물 모양대로 자르기

물감 묻은 칫솔을 체에 대고 비비기

완성작품

**유의점**

■ 체에 물감 묻은 칫솔을 비빌 때에는 도화지 전면에 물감이 고루 퍼질 때까지 비비도록 한다. 체를 단단히 고정할 팔의 힘이 부족한 유아는 교사가 도와준다. 유아들이 체를 이용하여 물감 뿌리기를 힘들어할 경우 분무기에 물감을 넣어 뿌린다.

■ 물감의 농도를 진하게 타서 흐르지 않도록 한다.

**관련활동**

■ 노래 '동물 농장' (40쪽 참고)

**농장 동물**

# 우리가 좋아하는 동물 - 말

**집단형태**

대집단활동

**활동유형**

이야기나누기

**활동자료**

말 사진, 관련 그림, 책, 말이 달리는 소리(말발굽 소리)가 녹음된 테이프, 카세트테이프 플레이어

**활동목표**

- 말의 생김새와 생활습성을 안다.
- 말이 사람에게 주는 이로운 점을 알고 그 부산물이 우리 생활에 쓰이고 있음을 안다.

**활동방법**

○ 말발굽 소리를 들려주며 어떤 동물의 소리인지 알아맞히게 한다. **TIP 1**

- 달릴 때 이런 소리를 내는 동물은 무엇일까요?
  - 말이 빨리 달릴 때 이런 소리를 낸다.

○ 여러 종류의 말 사진을 보며 말의 생김새에 대해 이야기를 나눈다.

- 말의 얼굴은 어떻게 생겼나요?
  - 얼굴이 길다.
  - 말은 풀을 먹을 때 코로 냄새를 맡아서 먹을 수 있는 것과 없는 것을 구별한다. 냄새를 잘 맡기 위해 코가 길어지면서 얼굴도 함께 길어졌다.
  - 눈은 주변을 잘 살필 수 있도록 양옆에 달렸다.
  - 귀는 소리를 잘 모을 수 있는 깔대기 모양을 하고 있다. 원하는 방향으로 마음대로 귀를 움직일 수 있다.
- 말의 목은 어떻게 생겼나요?
  - 길고 말갈기가 있다.
- 말의 다리는 어떻게 생겼나요?
  - 4개의 긴 다리가 있다.
- 말의 꼬리는 어떤 모습인가요?
  - 길고, 머리카락처럼 가는 털들이 있다.
- 말은 꼬리로 어떤 일을 할까요?
  - 말의 꼬리는 여름에는 모기나 파리가 말에게 가까이 오지 못하도록 쫓아내 주고, 겨울에는 몸을 따뜻하게 해 준다.

○ 말의 생활습성에 대해 이야기를 나눈다. **TIP 2**

- 말이 달리는 것을 본 적이 있나요? 어떻게 달렸나요?
  - 매우 빨리 달린다.

**TIP 1** 본 활동은 교사가 준비한 자료에 유아들이 집에서 가져온 자료를 첨가하거나 모둠 활동을 통해 유아와 교사가 함께 준비한 내용을 중심으로 실행한다. 모둠 활동을 할 경우, 좋아하는 동물 투표를 통해 정한 동물들 중, 각 모둠이 특정 동물을 맡아 조사한 뒤 발표하게 한다.

**TIP 2** 말이 군집을 이루어 달리거나, 다른 장소로 이동하는 모습을 담은 동영상이나 비디오테이프를 교육자료로 활용하면 효과적이다.

■ 말은 왜 빠르게 달릴까요?

　• 말은 겁이 많아서 다른 동물을 공격하는 것보다는 빠르게 도망가면서 위험한 상황으로부터 자신을 보호한다.

■ (말이 모여 있는 사진을 보며) 말이 어떤 모습으로 있나요?

　• 많은 수의 말이 떼를 지어 모여 있다.

　• 말은 외로움을 많이 느끼기 때문에 혼자 있는 것을 싫어하고, 떼를 지어 생활한다.

■ 말은 무엇을 먹을까요?

　• 초원이나 숲에서는 풀을 뜯어서 먹는다.

　• 사람들은 마른 풀이나 곡식을 먹이로 준다.

○ 말의 쓰임새에 대해 이야기를 나눈다.

■ 말을 타 본 적이 있나요?

　• 말은 빨리 달릴 수 있기 때문에 옛날에는 말을 타고 먼 곳으로 이동했다.

■ 이것은 무엇인가요?

　• 말 꼬리털, 말총

■ 말총으로 무엇을 할 수 있을까요?

　• 옛날 사람들은 말총으로 갓, 붓 등을 만들었다.

　• 바이올린, 첼로 등 현악기의 활털로 사용한다.

**유의점**

■ 말에 대해 이야기를 나눈 것 외에 더 알고 싶은 점이 있을 경우 교사가 대답해 준다. 교사도 모르는 질문에 대해서는 유아, 교사 모두 책이나 인터넷 등을 통해 알아 와서 다음날 다시 이야기를 나누기로 한다.

**관련활동**

■ 율동 ‘말 달리기’ (48쪽 참고)

활동
**7** 말 달리기

**집단형태**
대집단활동

**활동유형**
율동

**활동자료**
말발굽 소리를 낼 종이컵 2개, 말이 뛰어가는 그림 혹은 사진, 말 달리기 악보

**활동목표**
- 말이 달리는 모습의 특징을 파악한다.
- 몸의 움직임을 조절하여 정확한 동작을 취한다.

**활동방법**
○ 종이컵 2개로 바닥을 치면서 무슨 소리로 들리는지 유아들이 알아맞히게 한다.
- 무슨 소리처럼 들리나요?
  - 말이 뛰어가는 소리
  - 말발굽 소리
○ 말에 대한 사진이나 그림을 보면서 이야기를 나눈다.
- 말은 어떻게 생겼나요? 울음소리는 어떠한가요?
- 이 동물에 대해 알고 있는 점이 있나요?
- 말이 달리는 것을 본 사람이 있나요?
○ '말 달리기' 곡을 듣는다.
- 말이 달리는 모습을 보고 만든 음악이 있어요. 잘 듣고 어떤 느낌이 드는지 이야기해 보자.
○ 곡을 한 번 더 들으면서 곡의 빠르기에 맞추어 손뼉을 치거나 발을 구른다.
○ 교사가 말 달리기의 정확한 동작을 시범 보인다.
- 이 음악에 맞추어 말이 달리는 것처럼 몸을 움직여 볼 거예요. 선생님이 말 달리기 동작을 보여 줄 테니 잘 살펴보세요.
- (시범을 보이며) 먼저 오른발을 앞으로 내밀어 디딘 후, 뒤에 있는 왼발을 앞에 있는 오른발에 가까이 붙여요. 왼발을 오른발에 붙이자마자 재빨리 위로 뛰면서 다시 오른발을 앞으로 내밀어요. 이런 동작을 반복하면서 점점 앞으로 나아가요.
- 이때 말을 타고 가는 것처럼 두 팔을 앞으로 내밀어 말고삐를 잡아당기는 흉내를 내면 재미있게 말 달리기 동작을 할 수 있어요.
○ 2~3명의 유아가 앞에 나와서 교사를 따라 말 달리기 동작을 해본다.
- 음악에 맞추어 움직여 봅시다. 앞에 나와서 선생님과 함께 말처럼 달려가는 모습을 보여 줄 수 있는 사람 있나요?

교사와 유아가 함께 시범 보이기

■ 앞에 나온 사람은 다른 친구들이 잘 볼 수 있도록 앞을 바라보고 서세요.

○ 유아들의 말 달리기 동작을 평가한다.

○ 유아들이 6~7명씩 앞에 나와서 음악에 맞추어 말 달리기를 한다.

○ 몇 가지 상황을 제시하고 각 상황에서 말이 어떻게 달릴지 유아들과 이야기한다.

■ 울타리를 뛰어넘을 때는 어떻게 움직일까요?

• 다리를 높게 든다.

■ 냇물을 뛰어넘을 때는 어떻게 움직일까요?

• 다리를 넓게 벌려서 뛰어넘는다.

■ 많이 달려서 피곤할 때는 어떻게 움직일까요?

• 천천히 간다.

○ 유아들이 6~7명씩 앞에 나와서 노래에 맞추어 말 달리기 동작을 한다. 교사는 유아들이 다양한 동작을 표현할 수 있도록 이야기를 들려준다.

■ 말이 초원을 달리고 있어요. 초원을 달리다 보니 졸졸졸 흐르는 시냇물이 나타났어요. 말은 시냇물을 뛰어넘었어요. 그리고 계속 달려가요. 커다란 바위도 훌쩍 뛰어넘었어요. 지친 말은 달리는 속도를 점점 늦추었어요. 그리고 집으로 돌아갔어요.

말 달리기

### 유의점

■ 본 활동을 하기 위해서는 넓은 공간이 필요하다. 유아들이 친구와 부딪히지 않도록 충분한 공간을 확보한 상태에서 율동하도록 지도한다.

■ 유아들을 관찰하며 활동의 난이도를 조절한다. 정확한 동작을 어려워하는 유아들이 많은 경우, 활동을 여러 번에 나누어서 실시한다.

### 관련활동

■ 이야기나누기 '내가 좋아하는 동물 조사하기 – 말' (46쪽 참조)

# 말 달리기

작곡 스폴딩

# 말 달리기

# 말 달리기

미국동요
작사 홍용희

말 은  달 릴 때 달 릴 때 힘 차 게 달 리 죠

앞 다 리 뒷 다 리 들 고 서  이 렇 게 힘 차 게

신 나 게 달 리 죠 여 기 서 멈 춰 요 후아!

※ 출처 : 이은화 · 김순세(1973). **어린이 춤곡**. 형설출판사.

## 활동 8 염소 편지

**집단형태**

대집단활동

**활동유형**

동시

**활동자료**

상자로 만든 염소 인형 2개,
편지 2장

'염소 편지' 활동자료

**활동목표**

■ 염소의 생김새와 생활습성을 안다.
■ 반복된 구절을 낭송하며 운율을 느낀다.

**활동방법**

○ 유아들과 함께 염소에 대하여 이야기를 나누면서 염소가 어떤 먹이를 좋아하는지 알아본다.

　■ 염소가 좋아하는 먹이는 무엇일까요?

　　• 풀, 종이들

○ 염소 인형으로 동시의 내용을 소개한다.

　■ "어떤 염소 마을에 하얀 염소와 검정 염소가 살고 있었대요. 그런데 어느 날 하얀 염소가 먼 곳으로 이사를 갔어요. 하얀 염소는 이사를 가 보니까 검정 염소가 그리워져서 편지를 써서 검정 염소에게 보냈지요. 그런데 검정 염소가 편지를 어떻게 했을까요? 검정 염소는 보지도 않고 먹이인 줄 알고 그냥 먹어 버렸어요. 검정 염소는 먹고 나서 생각하니까 편지에 어떤 말이 쓰여 있었는지 궁금해졌어요. 그래서 할 수 없이 편지를 한 장 써서 '먼저는 무슨 일로 편지를 했니?' 하고 하얀 염소에게 보냈지요. 그랬더니 하얀 염소도 편지를 어떻게 했을까요? 하얀 염소도 보지도 않고 그냥 먹어 버렸어요. 할 수 없이 편지 한 장 써 보내기를 '먼저는 무슨 일로 편지를 했니?' 했대요."

○ 동시를 소개한다.

　■ 이런 이야기가 담긴 동시가 있어요. 일본의 '마도 미치오' 작가가 지은 동시예요.

○ 교사가 '염소 편지' 동시를 들려준다.

○ 유아들과 함께 낭송한다.

**관련활동**

■ 노래 '동물 농장' (40쪽 참고)

# 염소 편지

**마도 미치오**

하얀 염소한테서 편지가 왔다.
검정 염소는 보도 않고
그냥 먹어 버렸다.

할 수 없이 편지 한 장 써 보내기를
먼저는 무슨 일로 편지를 했니?

검정 염소한테서 편지가 왔다.
하얀 염소는 보도 않고
그냥 먹어 버렸다.

할 수 없이 편지 한 장 써 보내기를
먼저는 무슨 일로 편지를 했니?

## 활동 9 브레멘의 음악대

**집단형태**
대집단활동

**활동유형**
동극

**활동자료**
동화자료, 게시판

'브레멘 음악대' 동화자료

**활동목표**

- 농장 동물의 종류를 안다.
- 농장 동물의 생김새와 특징을 안다.

**활동방법**

○ 동화를 듣고 난 뒤 동극을 할 것임을 알려 준다.

- 동화를 듣고 동극을 하는 데 필요한 사항을 당부한다.
  - 어떤 등장인물이 나와서 어떤 말을 하는지 기억하면서 듣는다.
  - 동극을 하기 위해서는 어떤 준비물과 무대가 필요할지 생각하면서 듣는다.

○ '브레맨의 음악대' 동화를 들려준다.

○ 유아들과 동화의 내용과 대사를 회상해 본다.

- 당나귀는 브레멘에 가서 무엇이 되려고 했을까요? 우리 모두 함께 당나귀가 되어서 이야기해 봅시다.
- 당나귀는 어떻게 걸어갔을까요? 당나귀처럼 걸어 봅시다.
- 당나귀는 길을 가다가 누구를 만났을까요?
  - 개
- 개는 왜 집에서 도망가려고 했을까요?
  - 주인이 구박을 해서 도망가려 했다.
- 당나귀와 개는 가다가 누구를 만났을까요?
  - 고양이, 닭
- 동물들은 브레멘으로 가다가 무엇을 발견했을까요?
- 불빛이 반짝이는 집에 가 보니 누가 있었나요?
- 동물들은 도둑을 어떻게 놀라게 해 주었을까요? 각자 흉내 내고 싶은 동물을 정하여 함께 소리내어 보자.
- 도둑은 동물들의 소리를 듣고 어땠을까요?

○ 동극에 필요한 무대를 정하고 준비한다. **T IP 1**

- 동극을 하기 위해서는 어떤 무대가 필요할까요?
- 어떻게 준비할까요?

○ 동극에 필요한 소품, 의상을 준비한다.

○ 배역을 정한다.

**T IP** 동극 내용 중 시간이 밤으로 바뀌는 장면에서 실내조명을 소등하여 효과를 낼 수 있다. 또한 '불빛이 반짝이는 집'은 손전등을 사용하면 효과적이다.

○ 동극을 한다. 극이 원활하게 진행될 수 있도록 교사가 해설자가 되어 배역을 맡은 유아들의 움직임이나 대사를 지도한다.

○ 동극을 감상한 후 평가를 한다.

■ 동극을 보면서 어떤 부분이 가장 재미있었나요?

■ 어떻게 하면 동극을 더 재미있게 할 수 있을까요?

○ 평가를 토대로 2차 동극을 한다.

**관련활동**

■ 노래 '동물 농장' (40쪽 참고)

■ 쌓기 놀이 영역 '밀림 만들기' (70쪽 참고)

**동 화**

농장 동물

동극 시작 전 준비 모습

# 브레멘의 음악대

어떤 사람이 당나귀 한 마리를 길렀습니다. 당나귀는 오랫동안 열심히 일을 했습니다. 그러나 이제는 늙어서 힘을 쓸 수 없게 되었습니다. 주인은 이 당나귀를 버리려고 생각하였습니다. 당나귀는 주인의 마음을 눈치 채고 그곳을 달아나 버렸습니다.

동물들이 서로 만나 브레맨 음악대 만들기

**당나귀**　브레멘의 거리로 가서 음악가가 되어야겠다.

얼마만큼 가니까 개 한 마리가 헐떡헐떡 가쁜 숨을 쉬면서 길가에 드러누워 있었습니다.

**당나귀**　개야! 왜 그러니?

**개**　나는 이제 늙어서 사냥할 수가 없어. 우리 주인이 나를 구박해서 여기까지 도망쳐 나왔어.

도둑이 있는 집 들여다보기

개 이야기를 잠자코 듣고 있던 당나귀는 이렇게 말했습니다.

**당나귀**　좋은 생각이 있어. 우리 함께 브레멘의 거리로 가서 음악가가 되자.

**개**　좋은 생각이야.

당나귀와 개가 얼마를 가니까 길가에 고양이 한 마리가 무척 걱정스러운 얼굴을 하고 있었습니다.

도둑이 가고 난 후 잠든 동물들

**당나귀**　고양이야, 왜 그러고 있니?

**고양이**　나는 늙어서 이빨이 다 못쓰게 되었어. 그랬더니 우리 집 아주머니가 나를 쫓아냈어.

**당나귀 · 개**　그럼 우리들과 함께 브레멘의 거리로 가서 음악가가 되자.

**고양이**　좋은 생각이야.

당나귀와 개와 고양이는 얼마를 가다가 어떤 집의 뜰 앞을 지나게 되었습니다.

**당나귀 · 개 · 고양이**   수탉아! 왜 그렇게 울고 있니?
**수 탉**   나는 늙어서 아침마다 '꼬끼오' 하고 울지를 못해. 그랬더니 우리 주인이 내가
　　　　필요 없다며 매일 화를 내.
**당나귀 · 개 · 고양이**   그럼 우리와 함께 브레멘의 거리로 가서 음악가가 되자.
**수 탉**   좋은 생각이야.

　브레멘의 거리는 꽤 멀어서 그날로 도착할 수 없었습니다. 수풀 가운데까지 오니 저녁
때가 되었습니다. 당나귀와 개는 큰 나무 밑에서 자기로 했습니다. 고양이와 닭은 그 나
무 위에 올라가서 자기로 했습니다. 닭이 나무 꼭대기로 올라가니 저 멀리에 등불 하나
가 반짝반짝 비쳤습니다.

**수 탉**   저기 불빛이 보이는 것을 보니 집이 있는 모양이야.
**모 두**   그 집에서 하룻밤 자고 가자.

　그리하여 그들은 함께 불빛이 반짝이는 집을 향해 갔습니다. 마침내 불빛이 환한 집
앞에 이르렀습니다. 키가 제일 큰 당나귀가 창가로 다가가서 가만히 유리창 안을 들여다
보았습니다.

**당나귀**   도둑들의 집이로군! 지금 도둑놈들이 맛난 음식을 먹고 있어!

　당나귀가 침을 흘리면서 속삭였습니다.
　'우리도 좀 먹었으면……'. 모두 이렇게 생각했습니다.
　당나귀가 앞발을 들어 창문에 올려놓았습니다.
　개가 당나귀 잔등에 올라탔습니다.
　그 다음에는 고양이가 개의 등에 타고 마지막에 닭이 고양이의 머리 위에 올라앉았습
니다. 그리고 "하나, 둘, 셋!" 하는 소리에 맞추어 똑같이 노래를 부르기 시작했습니다.

**다같이**   히히힝, 멍멍, 야옹야옹, 꼬꼬댁

　이렇게 소리 지르며 그들은 함께 들창으로 뛰어 들어갔습니다. 도둑들은 깜짝 놀라 방
에서 뛰어 나왔습니다. 도깨비가 왔다고 허둥지둥 숲 속으로 도망쳐 버린 것입니다.
　그래서 이 네 마리 음악가는 맛있는 음식을 실컷 먹었습니다.
　굶주렸던 배가 가득 차니, 졸음이 왔습니다. 그들은 불을 끄고 자기로 했습니다. 제각
기 좋은 데로 잠자리를 골랐습니다.
　당나귀는 짚단을 쌓아 둔 곳에서 자기로 했습니다. 개는 문 뒤 켠에 가서 드러누웠습
니다. 고양이는 따뜻한 난로 곁으로 갔고, 닭은 홰에 올라가 앉았습니다. 먼 길에 모두 고
단하여서 깊은 잠이 들었습니다.
　한밤중이 되었습니다. 도둑들이 멀리서 바라보니 집에 등불이 꺼져 있었습니다.
　도둑 두목은 부하를 불렀습니다. 집 안에 아직도 도깨비가 있는지 보고 오라고 하였습
니다.

방 안은 마치 바다 속처럼 조용하고 캄캄했습니다. 도둑 부하는 불을 켜려고 했습니다. 그런데 어둠 속에 반짝거리는 것이 있었습니다. 그것은 고양이의 눈이었습니다.

도둑은 가까이에서 보려고 다가갔습니다. 그랬더니 고양이가 큰 소리로 울었습니다. 도둑은 깜짝 놀라서 문 밖으로 달아나려고 했습니다. 그랬더니 이번에는 개와 당나귀가 달려들었습니다. 이렇게 떠드는 바람에 잠이 깬 닭은 홰에서 꼬꼬댁, 꼬꼬댁 하고 울었습니다.

도둑은 겨우 달아나 돌아왔습니다. 그리고 부들부들 떨면서 두목에게 말했습니다.

**도둑 부하**　저…… 저, 집에는 무서운 도깨비가 있습니다. 나를 막 쫓아오는 것을 겨우 도망쳐 나왔어요. 아아, 정말 무서웠습니다.

도둑들은 두 번 다시 그 집에는 들어가지 못했습니다.
브레멘의 네 마리 음악대는 그 집이 마음에 들었습니다.
그래서 모두 그 집에서 살기로 했습니다.

**집단형태**

대집단활동

**활동유형**

음악감상

**활동자료**

'피터와 늑대(프로코피에프, 작품 67)', 음악자료, 플레이어, 융판 자료로 만든 '피터와 늑대' 동화자료, 게시판, 악기 사진(바이올린, 첼로, 오보에, 클라리넷, 플루트, 호른, 바순, 팀파니)

**T IP** 유아들이 각 동물의 특성을 표현한 악기가 무엇인지에 대해 관심을 갖고 왜 그 악기로 표현하였는지 생각해 본다. 이는 유아들에게 악기의 특성(예: 음색, 높낮이 등)을 파악할 수 있는 기회가 된다.

**활동목표**

■ 음악 동화를 들으며 동화의 내용을 이해한다.

■ 음악에 사용된 여러 가지 악기에 관심을 가진다.

**활동방법**

○ 융판자료로 '피터와 늑대' 동화를 들려준다.

○ '피터와 늑대' 음악 동화를 소개한다.

　■ 이 동화를 러시아의 작곡가 프로코피에프가 음악 동화로 만들었어요.

　■ 음악 동화란 무엇일까요?

　　• 음악 동화는 동화의 내용을 음악으로 표현한 것이다.

○ 곡의 해설 부분 중 악기로 소개하는 부분을 들어 본다. 이때 등장인물 및 악기 사진을 융판에 붙인다.

　■ 각 동물이 등장할 때 나는 악기 소리를 들어 보도록 해요. **T IP**

　　• 피터 : 바이올린, 첼로

　　• 오리 : 오보에

　　• 고양이 : 클라리넷

　　• 작은 새 : 플루트

　　• 할아버지 : 바순

　　• 늑대 : 호른(3개)

　　• 사냥꾼: 팀파니

　■ 각 동물의 특징에 어울리는 악기가 연주되고 있나요?

　■ 왜 이 악기가 ○○에게 어울린다고 생각했나요?

○ 음악을 감상한다. 교사는 음악의 흐름에 맞추어 곡의 중간 중간에 해설을 해 준다.

　　• 동물들의 움직임을 악기로 어떻게 표현하였는지 잘 들어 보도록 해요.

○ 음악을 듣고 느낀 점에 대해 이야기 나눈다.

○ 다시 한 번 음악을 감상한다.

○ 음악 감상 활동을 마친 후, 음악 CD와 그림책 · CD 플레이어를 듣기 영역에 내주어 지속적으로 감상할 수 있도록 한다.

# 피터와 늑대

**해설 번역 : 안희옥**

○ 이른 아침 피터는 문을 열고 초록색 풀이 많이 나 있는 초원으로 가고 있어요. (음악)

○ 피터의 친구인 작은 새는 커다란 나뭇가지에 앉아 있다가 피터를 보자 즐겁게 노래했어요. (음악)

○ 고요한 연못이 있는 그곳은 정말 조용했답니다. (음악)

○ 곧 작은 오리 한 마리가 피터의 뒤를 따라왔어요. 연못에서 헤엄칠 생각으로 기분이 몹시 좋았습니다. (음악)

○ 그런데 피터가 들어가자마자 곧 커다란 늑대 한 마리가 숲 속에서 나왔어요. (음악)

○ 고양이는 얼른 나무 위로 올라갔어요. (음악)

○ 오리는 고양이가 숨는 것을 보고 자기도 연못으로 도망치기 시작했어요. (음악)

○ 그렇지만 오리가 아무리 빨리 뛰어도 소용이 없었어요. 늑대는 점점 가까이 다가와서 (음악)

○ 오리를 잡아 한 입에 꿀꺽 삼켜 버렸어요. (음악)

○ 고양이와 작은 새는 나뭇가지에 좀 떨어져 앉아 밑을 내려다보았어요. (음악)

○ 늑대는 나무 둘레를 맴돌며 입맛을 다시고 있었어요. (음악)

○ 그때까지 문틈으로 내다보고 있던 피터는 얼른 집으로 들어가 굵은 밧줄을 가지고 나왔어요. (음악)

○ 그리고 담을 넘어 새가 앉아 있는 나무 가까이로 갔어요. 그리고 작은 새에게 말하기를 "늑대 머리 주위를 뱅뱅 돌고 있어. 하지만 잡히지 않도록 조심해!" (음악)

○ 작은 새는 늑대 머리 주위를 돌며 날아다녔어요. 약이 오른 늑대는 작은 새를 잡으려고 앞발을 들어 여기저기를 치기 시작했어요. (음악)

○ 작은 새는 겁내지 않았어요. 늑대가 아무리 잡으려고 해도 소용이 없었어요. (음악)

○ 그때였어요. 피터가 던진 밧줄에 늑대가 걸려들어 빠져나오려고 애를 썼어요. (음악)

○ 피터는 나머지 밧줄을 마저 던졌고 늑대는 꼼짝달싹할 수가 없게 되었어요. (음악)

○ 이때 사냥꾼이 숲에서 나와 (음악)

○ 총으로 늑대를 쏘려고 했어요. (음악)

○ "쏘지 마세요. 아저씨. 작은 새와 내가 벌써 늑대를 잡았단 말이에요. 이 늑대를 동물원으로 데려갈 거예요. 도와주세요." (음악)

○ 피터는 용감하게 늑대를 잡아 사냥꾼 아저씨와 작은 새와 함께 동물원으로 갔어요. (음악)

활 동
# 11 동물 수 세기

### 집단형태
대집단활동

### 활동유형
수학

### 활동자료
그림 혹은 인형자료(동물들 10여 마리, 집)

'동물 수 세기' 활동자료

**T**IP 본 활동은 다른 활동을 위한 간단한 주의집중활동으로 활용할 수 있다.

### 활동목표
- 구체물의 수를 센다.
- 간단한 수를 더하거나 뺀다.

### 활동방법
○ 토끼의 수가 변화하는 이야기를 들려주며 토끼의 수를 세어 본다. **T**IP
- 토끼들이 마당에서 놀고 있어요. 모두 몇 마리인지 세어 볼까요?
- (토끼 5마리를 집 안으로 옮기며) 토끼들이 점심을 먹기 위해 집으로 들어갔어요.
- (집 안에서 토끼 2마리를 집 밖으로 옮기며) 점심을 먹고 나니 배가 불렀어요. 집에서 쉬던 토끼 2마리가 밖으로 나갔어요.
- 집에는 몇 마리의 토끼가 남아 있을까요?
- (집에 남아 있는 토끼를 꺼내며) 함께 세어 봅시다.
- (집 안에서 토끼 1마리를 더 집 밖으로 옮기며) 집에 있는 토끼 한 마리가 밖으로 또 나왔어요. 집에는 몇 마리가 남았을까요?

### 유의점
- 학급 유아의 발달 수준과 흥미 정도를 고려하여 계산할 수를 정한다.

**활동목표**

- 우리나라 전통 음식에 친숙해지고 관심을 갖는다.
- 여러 가지 재료의 색깔과 생김새를 탐색한다.

**활동방법**

○ 요리 순서도를 게시판에 게시하여 등원하는 유아들이 볼 수 있도록 한다.

○ 유아들이 등원하는 대로 요리 순서표를 살펴보고 이름을 쓰도록 한다.

○ 계획하기 시간에 요리를 소개하고 순서도를 보며 요리방법을 알아본다.

- 오늘 할 요리의 사진을 보여 줄게요. 어떤 음식인가요?
  - 떡볶이
- 떡볶이에는 여러 종류가 있어요. 그중 우리는 '궁중 떡볶이'를 만들어 볼 거예요. 궁중 떡볶이를 들어 본 적 있나요?
  - 옛날 궁궐에서 임금님과 왕자, 공주가 먹었던 떡볶이라서 궁중떡볶이라고 이름 붙여졌다.
- 궁중 떡볶이를 먹어 본 적 있나요? 궁중 떡볶이에는 어떤 재료가 들어갈까요?
  - 고추장이 아닌 간장으로 양념을 한다. 그래서 '간장 떡볶이'라고 부르기도 한다.

○ 첫 번째로 요리할 유아들이 모이는 동안, 교사는 요리 책상에 요리보를 깔고 필요한 도구를 올려놓는다. **T**IP 1

○ 유아들과 함께 준비물을 점검한다.

○ 요리 순서도를 보면서 떡볶이를 만든다.

① 마늘을 절구에 넣어 찧는다. 유아들이 돌아가며 순서대로 찧을 수 있도록 한다.

- 마늘을 찧으려면 무엇이 필요할까요?
- ○○부터 순서대로 절구에 마늘을 넣고 찧어 보세요.
- 어떤 냄새가 나나요?

② 당근을 자른다.

- 당근을 손가락 길이만큼 잘라 보세요.

③ 간장, 설탕, 깨소금으로 양념장을 만든다.

- 떡에 맛을 더하기 위해 양념장을 만들 거예요.
- 양념장에 들어갈 재료를 봅시다. 무엇이 있나요?

**집단형태**

소집단활동(약 10명)

**활동유형**

과학

**활동자료**

· 재료(30명 기준): 가래떡(떡볶이용으로 나온 것 900g), 다진 소고기(60g), 껍질 벗긴 마늘 6개, 당근 1/3개(유아들이 썰 수 있도록), 깨소금, 설탕, 간장, 참기름, 물

· 기구: 유아용 빵칼(유아 수만큼 준비), 주걱, 국자, 숟가락, 도마(유아 수만큼 준비), 절구, 절구공이, 전기 프라이팬

· 기타: 요리 순서도, 요리 순서표, 게시판, 요리복, 요리보, 일회용 위생장갑(유아가 한 쪽씩 낄 수 있을 만큼 준비)

**T**IP 1 준비물이 담긴 간식차를 책상 옆에 놓아두어 준비물을 자유롭게 이동할 수 있도록 한다.

**TIP 2** 교사는 '찌다', '자르다', '썰다', '볶다', '붓다', '끓다' 등 요리 활동에 적합한 다양한 단어를 사용하여 유아들이 익힐 수 있도록 한다.

■ 이 양념장을 섞으면 어떤 맛이 날까요?

• 간장이 들어가므로 짠맛이 날 것이다.

• 설탕이 들어가므로 단맛이 날 것이다.

• 깨소금이 들어가므로 고소하면서 짭조름한 맛이 날 것이다.

■ 간장과 설탕, 깨를 잘 섞어 봅시다.

④ 소고기에 양념장을 넣고 버무린다.

⑤ 가래떡에 양념장을 넣고 버무린다.

■ 양념장을 소고기와 가래떡에 넣고 섞어 보세요.

■ 이렇게 여러 가지를 한데 뒤섞는 것을 '버무린다' 라고 해요. **TIP 2**

⑥ 채소와 양념한 소고기를 함께 볶는다.

■ 양념한 소고기와 채소를 불에 볶을 거예요. 무엇이 필요할까요?

• 후라이팬

■ 양념한 소고기와 채소를 후라이팬에 올려놓아 봅시다. 재료들이 타지 않게 잘 저어 주세요.

■ 소고기가 점점 어떻게 변하나요?

• 색깔이 진해진다.

• 크기가 작아진다.

⑦ 떡을 넣고 익을 때까지 눌어붙지 않도록 주걱으로 저어 준다.

■ 떡이 점점 어떻게 변하나요?

• 가래떡에 양념장의 색깔이 배었다.

○ 요리복과 위생장갑을 정리하고 손을 씻는다.

○ 완성한 떡볶이를 접시에 담고 간식을 먹을 수 있도록 준비된 책상에 가서 먹는다.

○ 두 번째, 세 번째로 요리하기로 한 모둠도 같은 방식으로 요리를 진행한다.

양념장 버무리기

후라이팬에 채소 볶기

**유의점**

■ 채소와 다진 소고기를 참기름에 볶을 때 기름이 튀지 않도록 주의한다. 특히 채소를 준비할 때 물기를 없앤 후 후라이팬에 넣어 기름이 튀지 않도록 한다.

**관련활동**

■ 노래 '무엇을 주련' (39쪽 참고)

**활동목표**

■ 동물이 사람에게 질병을 옮길 수 있음을 안다.

■ 동물로부터 옮는 질병의 위험성과 예방법을 안다.

**활동방법**

○ 신문기사나 뉴스를 동영상으로 보면서 동물로 인해 사람들이 질병에 걸린 사례에 대해 이야기한다.

■ 동물은 사람에게 좋은 점도 있지만 동물로 인해 병에 걸리기도 해요. 어떻게 병에 걸리게 되는지를 알려 주는 뉴스를 함께 보도록 해요.

○ 동물이 사람에게 옮기는 여러 가지 질병과 질병을 예방하는 방법에 대해 이야기를 나눈다. **T**IP

■ 동물로 인해 걸릴 수 있는 병에는 어떤 것들이 있나요?

① 광견병

■ 어떻게 광견병에 걸리는지 알아봅시다.

• 광견병에 걸린 동물에게 물리면 동물의 침 속에 있는 바이러스가 사람 몸속에 들어가 걸리게 된다.

• 개에게서만 옮는 것이 아니라 고양이, 쥐, 여우, 늑대, 박쥐로부터 옮을 수도 있다.

■ 광견병에 걸리면 어떻게 될까요?

• 처음에는 머리가 아프고 구토를 한다.

• 점차 물을 무서워하게 되고 시간이 지나면서 숨을 쉬기 어려워져서 죽기도 한다.

■ 광견병에 걸리지 않으려면 어떻게 해야 할까요?

• 동물에게 물리지 않도록 조심한다.

• 만약에 물렸을 경우에는 바로 병원에 가서 치료를 받는다.

② 인간광우병(크로이츠펠트-야콥병)

■ 광우병이란 어떤 병일까요?

• 소가 걸리는 병이다.

• 소의 뇌에 갑자기 구멍이 생겨서 소가 날뛰거나 움직이는 모습이 이상해지

**집단형태**

대집단활동

**활동유형**

이야기나누기

**활동자료**

동물이 사람에게 옮기는 질병(예: 광견병, 인간 광우병, 조류인플루엔자, 알레르기 비염 등)과 관련된 기사나 뉴스자료, 게시판

**T**IP  시기적으로 유행하는 질병이 있는 경우 해당 질병에 대한 내용을 추가하여 구성하고 이에 대해 중점적으로 이야기를 나누도록 한다.

동물들이 옮기는 질병에 대한 포스터

고, 침을 흘리고 비틀거리다가 결국 죽게 되는 병이다.

■ 어떻게 인간 광우병에 걸리게 될까요?

• 사람이 광우병에 걸린 소의 고기를 먹어서 걸리게 된다.

■ 인간 광우병에 걸리면 어떻게 될까요?

• 기억을 잘 하지 못하거나 몸의 여러 부분들을 움직이기가 힘들어진다.

• 말을 하지 못하게 되고, 심하면 죽게 된다.

■ 그런데 인간 광우병은 아직 예방할 수 있는 방법과 치료할 수 있는 방법이 없어요. 다만 광우병에 걸린 소의 고기를 먹지 않는 것이 지금으로서는 가장 좋은 방법이에요.

③ 조류인플루엔자

■ 어떻게 조류인플루엔자에 걸리게 될까요?

• 조류인플루엔자에 감염된 닭, 오리, 칠면조, 새로 인하여 오염된 먼지나 물, 배설물이 사람의 옷이나 신발, 자동차, 달걀 등에 묻어 사람의 몸속으로 바이러스가 들어가서 걸리게 되는 병이다.

■ 조류인플루엔자에 걸리면 어떻게 될까요?

• 감기와 비슷해서 기침이 나고 열이 나며 목이 아프다.

• 몸이 쑤시고 아픈 몸살 증상이 있고, 숨쉬기가 어려워지기도 한다.

■ 조류인플루엔자에 걸리지 않으려면 어떻게 해야 할까요?

• 조류인플루엔자가 유행할 때는 손을 깨끗하게 씻고, 마스크를 쓴다.

• 닭이나 오리, 새가 많이 있는 곳에 가지 않는다.

• 조류인플루엔자 바이러스는 높은 온도에서는 살 수 없으므로 닭, 오리 등을 익혀서 먹는다.

④ 알레르기비염

■ 어떻게 알레르기비염에 걸리게 될까요?

• 동물들의 털이나 털에 살고 있는 진드기기가 사람의 몸 속으로 들어가서 걸린다.

■ 알레르기비염에 걸리면 어떻게 될까요?

• 콧물이 나오고 재채기를 하거나 코가 막힌다.

• 먼지나 꽃가루 등에 의해서도 병에 걸린다.

■ 알레르기비염에 걸리지 않으려면 어떻게 해야 할까요?

• 동물을 기를 때는 적어도 1주일에 한 번씩은 목욕을 시킨다.

• 동물을 만졌을 때는 바로 손을 깨끗하게 씻는다.

• 베개나 이부자리에는 가능하면 올라오지 못하게 한다.

○ 질병을 예방하기 위해 동물을 대할 때 주의할 점에 대해 이야기를 나눈다.

■ 동물로 인해 병에 걸리지 않으려면 어떻게 해야 할까요?

- 동물을 되도록 만지지 않는다.
- 동물을 만진 후에는 바로 손을 깨끗하게 씻는다.
- 집에서 키우는 동물은 목욕을 시켜서 깨끗하게 돌본다.
- 동물이 병에 걸리지 않도록 병원에 데려가서 예방주사를 맞힌다.
- 고기를 먹을 때는 익혀서 먹는다.

○ 동물이 사람에게 옮기는 질병의 예방법에 대해 이야기 나눈 내용을 글로 적고 그림으로 그린다.

○ 자료를 벽면에 게시한다.

**관련활동**

■ 이야기나누기 '버려진 동물들' (34쪽 참고)

**농장 동물**

# 3. 야생 동물

# 동물 수수께끼 책 만들기

자유선택활동

**활동유형**

언어 영역

**활동자료**

동물 그림이나 사진(3X4㎝ 정도의 크기) 여러 장, 모양 조각 종이, 동물 백과사전, 연필, 색연필, 가위, 셀로판 테이프

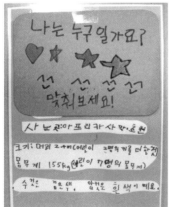

내가 만든 작품 소개하기

**활동목표**

- 좋아하는 동물의 생김새와 생활습성에 대해 안다.
- 궁금한 점을 탐구하는 태도를 기른다.

**활동방법**

○ 자신이 좋아하는 동물에 대해 수수께끼 책을 만든다.
- 자신이 좋아하는 동물로 수수께끼 책을 만들어 볼 거예요.
- 동물의 특징이나 생김새를 수수께끼로 만들어 보세요.
- 수수께끼의 정답은 동물 사진을 붙이거나, 동물 그림을 직접 그려도 좋아요. 옆에 동물 이름도 적어 주세요.

○ 수수께끼 책을 완성한 후 앞에 나와 친구들에게 수수께끼를 내본다.
○ 완성된 수수께끼 책은 언어 영역에 내어 준다.

**유의점**

- 유아가 글쓰기를 어려워할 경우, 유아가 말하는 것을 교사가 적어 주고  보고 쓸 수 있도록 하거나 또는 그림을 그려 문제를 내도록 한다.

**관련활동**

- 이야기나누기 '우리가 좋아하는 동물'(46, 74, 77, 134쪽 참고)

## 활 동 2 동물과 사는 곳 짝짓기

야생 동물

**활동목표**

■ 동물과 동물의 서식지에 대해 안다.

**활동방법**

○ 수학 · 조작 교구의 구성물을 살펴본다.

■ 무엇이 있나요?

• 두 조각으로 나누어진 동물 그림카드가 있다.

■ (조각이 맞춰진 카드 세트를 보여 주며) 이 동물의 이름은 무엇인가요?

• 하마

■ 이 동물이 사는 곳은 어디인가요?

• 강이나 호수, 연못에 산다.

○ 나머지 그림카드들을 살펴보고 각각의 동물과 동물들이 사는 곳을 찾아 조각을 맞춘다.

■ 이 그림카드들에는 동물과 그 동물이 사는 곳이 그려져 있어요.

■ 동물들이 사는 곳을 찾아 카드의 조각을 맞춰 보세요.

○ 완성된 모습을 살펴보며 동물들이 사는 곳의 형태와 특징을 살펴본다.

**유의점**

■ 각 카드 조각의 단면의 모양을 달리하여(예: 물결무늬, 요철무늬 등) 유아들이 맞는 짝을 찾았는지 스스로 확인할 수 있도록 한다.

**집단형태**
자유선택활동

**활동유형**
수학 · 조작 영역

**활동자료**
두 조각으로 나누어진 동물 그림카드 8세트

'동물과 사는 곳 짝짓기' 활동자료.

카드 짝 맞추기

**집단형태**

자유선택활동

**활동유형**

쌓기 놀이 영역

**활동자료**

- 강물 및 바다 : 파란색 계열의 천(물방울 무늬, 물결무늬), 바다 생물 모형 장난감, 물풀을 표현할 초록색 백어
- 동굴 : 네스팅브릿지 또는 구름다리, 흙 색깔 천이나 검정색 비닐 봉투(크기가 큰 것)
- 숲 속 : 고무호스, 긴 원통형 종이 속심(아세테이트지 속심), 초록색 계통의 조각 색지, 비닐 봉투, 비닐 끈
- 하늘 : 투명한 아세테이트지 또는 하늘색 계열의 천, 하얀색 솜
- 동물 분장 : 동물 무늬 천(여러 가지 동물의 무늬가 들어가도록 여러 개 준비), 털 소재의 천, 동물 가면, 동물 얼굴 모자 등
- 기본 재료 : 셀로판테이프(2.5cm/5cm), 가위, 풀, 목공용 본드, 아크릴 물감, 물감 붓, 파레트, 물통

**T IP** 유아들이 밀림과 관련된 사진과 책 등을 놀이에 적극 활용하고 참고할 수 있도록 자료를 준비하고 전시한다.

**활동목표**

- 야생 동물의 종류와 사는 곳에 대해 안다.
- 야생 동물의 생김새와 생활습성에 대해 안다.
- 친구들과 협력하는 태도를 기른다.

**활동방법**

○ 밀림을 주제로 한 동영상이나 사진 자료, 그림책 등을 유아들과 함께 보며 이야기를 나눈다.

- 밀림에는 어떤 동물이 있나요?
- ○○는 어떻게 생겼나요? 무엇을 먹나요?
- ○○에 대해 또 알고 있는 점이 있나요?
- ○○는 어디에서 사나요?
- 물이 꼭 필요한 동물들은 누구일까요? 강가나 바닷가에서는 어떤 동물이 살까요?
- 호랑이나 사자와 같은 동물들은 어느 곳을 좋아하는지 살펴봅시다.
- 동굴 같이 컴컴한 곳을 좋아하는 동물은 누구일까요?

○ 교실 안에 밀림을 만들고, 밀림 안에서 동물 놀이를 해 볼 것을 제안한다.

- 우리 교실에 밀림을 만들어 봐요. 어느 곳들이 필요할까요?
  - 동굴, 숲속, 초원, 강물 등
- 역할을 나누어서 만들어 봅시다.

○ 동물들이 사는 장소별로 모둠을 나누어 밀림을 구성한다. **T IP**

① 강

- 푸른색 계열의 천을 강이 될 장소에 길게 늘어놓는다.
- 강 구획을 따라 유니트 블록으로 표시해 준다.
- 유아들이 그린 물고기나 강에서 사는 생물을 강에 놓는다.
- 네스팅브릿지에 파란색 비닐 끈을 길게 늘어놓아 폭포를 구성한다.

| 강 구성하기 | 폭포 구성하기 |

② 숲 속

- 초록색 조각 종이를 이용하여 나뭇잎 부분을 만든다.
- 나뭇잎 전체 모양으로 크게 자른 후 미농지로 꽃을 만들어 붙인다.
- 나뭇잎 하나하나를 잘라서 나뭇가지에 붙여 완성한다.
- 아세테이트지 속심을 갈색 아크릴 물감으로 칠해 나무 기둥을 완성한다.
- 나무와 나뭇잎을 연결한 후 바닥에 고정시킨다.

| 나무 만들기 | 나무들을 세워서 만든 숲 |

③ 하늘

- 반투명한 천을 낚시줄을 이용하여 천장과 바닥 사이에 고정한다.
- 흰색 솜을 조금씩 뜯어 굴려서 동그랗게 만든 후, 천 위에 올려놓는다.

하늘

④ 바다

- 아세테이트지에 바다 속 풍경을 아크릴 물감으로 그린다. 또는 푸른색 계열의 반투명한 천에 바다 생물 모형을 걸어서 꾸민다.
- 바다로 계획한 장소에 빨랫줄과 같이 긴 줄을 가로로 걸어놓고 그 위에 아세테이트지, 푸른색 반투명한 천을 걸어 놓는다.

바다 구성하기

⑤ 동굴
- 동굴이 될 장소에 구름다리를 놓는다.
- 흙을 표현하기 위한 천으로 구름다리를 덮는다.

동굴

⑥ 기타
- 폐품이나 조각종이로 풀, 바위 등을 구성하고 밀림 곳곳에 배치한다.
- 유아들이 밀림 안에서 놀이할 수 있도록 유아들이 좋아하는 동물 무늬 천이나 동물 얼굴 모자, 동물 가면 등을 준비해 준다.

○ 구성한 밀림 안에서 놀이한다.

**유의점**
- 본 활동은 몇 주에 걸쳐 진행해야 하는 활동이며 유아의 흥미가 지속됨에 따라 다른 영역과 연계하여 놀이를 확장해 간다. 처음 놀이를 시작하기 전, 유아들에게 한 번에 많은 것을 준비하도록 하면 놀이에 대한 유아들의 흥미가 떨어지므로 놀이가 진행됨에 따라 자연스럽게 놀이를 확장시켜 나가는 것이 바람직하다.

**관련활동**
- 이야기나누기 '집 동물과 야생 동물' (16쪽 참고)
- 수학 · 조작 영역 '동물과 사는 곳 짝짓기' (69쪽 참고)

## 활동 4 세우는 동물 만들기

**활동목표**

- 다양한 동물의 생김새에 대해 안다.
- 동물의 생김새를 조형 작품으로 표현한다.

**활동방법**

○ 유아들에게 세우는 동물 완성작품을 보여 주면서 만드는 방법에 대하여 이야기 한다.

- 무엇을 만든 것인가요?
  - 토끼
- 이 토끼 인형을 책상 위에 세워 볼게요. 어떻게 움직이나요?
  - 오뚝이처럼 앞뒤로 움직이다가 멈춘다.
- 이 토끼 인형을 어떻게 만들었을까요?
  - 종이를 반으로 접어 토끼 모양으로 자르고, 두 장 사이에 휴지속심을 끼워 만들었다.

○ 인형을 만든다.

- 준비된 종이를 반으로 접는다.
- 한쪽 면에 붓펜과 사인펜을 이용하여 동물 그림을 그린다. **T**IP
- 두 장을 손으로 겹쳐 잡고 함께 오려낸다.
- 오린 종이의 앞면과 뒷면에 동물 그림을 그리고 색칠한다.
- 이름을 쓴다.
- 교사는 유아가 만든 동물 모양 종이의 앞면과 뒷면 사이에 휴지 속심 또는 코팅 파지 말아 놓은 것을 끼워서 셀로판테이프로 고정시켜 준다.

**확장활동**

- 유아가 만든 동물로 목장, 동물농장, 동물원 등을 상상놀이 영역에 만들어 놀이 할 수 있도록 한다.

**집단형태**
자유선택활동

**활동유형**
조형 영역

**활동자료**
소포용지 또는 자보루지(20×10cm, 25×15cm 등 다양한 크기), 휴지 속심을 3등분한 것 또는 코팅 파지를 동그랗게 말아 놓은 것, 사인펜, 가위, 셀로판테이프, 순서도

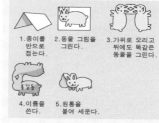

1. 종이를 반으로 접는다.　2. 동물 그림을 그린다.　3. 가위로 오리고 뒤에도 똑같은 동물을 그린다.
4. 이름을 쓴다.　5. 원통을 붙여 세운다.

세우는 동물 만들기 순서도

**T**IP 그림을 그릴 때에 등이나 머리 부분, 꼬리 등 적어도 한 부분은 접힌 윗선과 붙어 있어야 한다.

## 활동 5 우리가 좋아하는 동물 — 캥거루

**집단형태**
대집단활동

**활동유형**
이야기나누기

**활동자료**
캥거루 사진, 관련 그림, 책

**ⓣIP** 캥거루에 대한 동영상이나 비디오테이프가 있는 경우 교육자료로 사용하면 효과적이다.

**활동목표**
■ 캥거루의 생김새와 생활습성에 대해 안다.

**활동방법**
○ 활동 전 날 '캥거루'에 대해서 알아 오도록 한다.
○ 수수께끼를 내며 활동을 도입한다.
  ■ "나는 앞다리는 짧고 가늘지만 뒷다리와 꼬리는 굵고 튼튼합니다. 나는 배에 주머니를 달고 다닙니다. 나는 누구일까요?"
    • 캥거루
○ 여러 종류의 캥거루 사진을 보며 캥거루의 생김새와 생활습성에 대해 이야기를 나눈다. **ⓣIP**
  ■ 캥거루가 어떻게 생겼는지 살펴봅시다.
  ■ 앞다리와 뒷다리는 길이와 굵기가 어떠한가요?
    • 앞다리가 뒷다리보다 짧고 가늘다.
    • 뒷다리는 앞다리보다 길고 굵다.
  ■ 꼬리는 어떻게 생겼나요?
    • 굵고 길다.
  ■ 왜 꼬리가 굵고 길까요?
    • 높이 뛰는 받침대 역할을 한다.
    • 몸의 중심을 잡아 준다.
  ■ 배에는 무엇이 있나요?
    • 주머니
  ■ 주머니는 모든 캥거루가 다 갖고 있을까요?
    • 암컷, 즉 여자 캥거루에게만 있다.
  ■ 주머니는 왜 있을까요?
    • 새끼 캥거루를 넣고 다니기 위해 있다.
○ 아기 캥거루의 성장에 대하여 이야기를 나눈다.
  ■ 아기 캥거루는 왜 주머니 속에 있어야 될까요?
    • 크기가 작아서

- 혼자 다닐 수 없으므로
- 젖을 먹으려고(주머니 안에 4개의 젖이 있어서 처음에 아기 캥거루가 젖까지 올라가지 못하면 엄마 캥거루가 젖을 흘려서 먹을 수 있게 도와줌)
■ 아기 캥거루의 크기는 얼마나 될까요?
- 새끼손가락 정도 크기로 태어난다(숟가락에 담을 수 있는 크기임).
- 엄마 캥거루의 주머니 안에서 약 여덟 달 동안 점점 자란다.
■ 아기 캥거루는 언제쯤 주머니 밖으로 나올 수 있을까요?
- 여덟 달이 지나면 주머니 밖으로 나와 엄마에게 뛰는 방법을 배운다.
○ 캥거루의 다른 생활습성에 대하여 이야기를 나눈다.
■ 캥거루는 무엇을 먹고 살까요?
- 풀이나 나무 잎사귀를 먹고 산다.
■ 캥거루처럼 풀이나 나무 잎사귀를 먹고 사는 동물을 무슨 동물이라 할까요?
- 초식동물
■ 캥거루는 어디에서 살까요?
- 넓은 초원
- '호주'라는 나라에 많이 살고 있다.

**유의점**

■ 캥거루에 대해서 이야기 나눈 것 외에 더 알고 싶은 점이 있을 경우 교사가 대답해 준다. 교사도 모르는 질문에 대해서는 유아, 교사 모두 책이나 인터넷 등을 통해 알아 와서 다음날 다시 이야기를 나누기로 한다.

**관련활동**

■ 신체(게임) '캥거루 경주' (76쪽 참고)

## 활 동 **6** 캥거루 경주

**집단형태**

대집단활동

**활동유형**

신체(게임)

**활동자료**

캥거루에 대한 자료(영상 또는 사진), 반환점 2개, 스펀지 공 2개, 신호악기

**활동목표**

- 캥거루의 생김새와 생활습성에 대하여 안다.
- 캥거루가 뛰는 모습을 표현한다.
- 두 발을 모아서 높이 뛰며 다리의 근력을 기른다.
- 게임 방법을 알고 규칙을 지키며 게임을 한다.

**활동방법**

○ 유아들이 두 편으로 나누어 앉은 후 양편의 수가 같은지 확인한다. 수가 다를 경우 유아들과 의논하여 양편의 수를 같게 한다.

○ 캥거루가 움직이는 모습에 대해 이야기 나누었던 것을 회상한다.

- 캥거루가 뛸 때 어떻게 했나요?
  - 꼬리로 땅을 치며 뒷발을 모아서 높이 뛰었다.

○ 게임방법에 대해 이야기 나눈다.

- 우리가 캥거루가 되어서 경주를 해볼 거예요.
- 캥거루 경주를 하기 위해 준비한 것이 있어요.
- 공을 가지고 어떻게 게임할 수 있을까요?
  - 공을 팔에 끼고 반환점까지 뛰어간다.
  - 반환점을 돌아올 때는 공을 양쪽 무릎 사이에 끼고 깡충깡충 뛰어와 다음 사람에게 공을 전해 준다.

○ 게임에 필요한 규칙을 유아들과 의논하여 정한다.

- 게임을 할 때 다 같이 지켜야 할 약속이 있어요. 무엇일까요?
  - 돌아오는 도중에 무릎 사이에서 공이 빠졌을 때는 그 자리에서 공을 주워 다시 무릎 사이에 끼고 뛰어와야 한다.

○ 게임을 한다.

○ 게임을 평가한다.

캥거루처럼 뛰어오기

**관련활동**

- 이야기나누기 '우리가 좋아하는 동물 – 캥거루' (74쪽 참고)

## 활동 7 우리가 좋아하는 동물 – 코끼리

**활동목표**

■ 코끼리의 생김새와 생활습성에 대해 안다.

**활동방법**

○ 활동 전 날 '코끼리'에 대해서 알아 오도록 한다.

○ 코끼리 사진을 보며 코끼리의 생김새에 관하여 이야기를 나눈다. **T**IP 1

■ 코끼리 몸의 크기가 어떠한가요?

• 매우 크다.

• 땅에 사는 동물 중 가장 크고 무겁다.

• 몸이 무거우므로 네 다리로 느릿느릿 걸어간다.

■ 코끼리의 코는 어떻게 생겼나요? 어떤 일을 할까요?

• 코가 길다.

• 먹이를 집거나 인사를 하는 등 손과 같은 역할을 한다.

• 팔씨름을 하기도 한다.

• 물을 뿜어 목욕을 한다(진흙 목욕을 하기도 함).

■ 코의 모습을 몸으로 표현해 봅시다.

■ 코끼리의 귀는 어떻게 생겼나요? 어떤 일을 할까요?

• 귀가 크다.

• 사자와 같이 위험한 동물들에게 겁을 주기 위해 두 귀를 펼쳐 들고 쿵쿵 걸어 간다.

• 더울 때 귀를 부채 삼아 부채질을 하기도 한다.

■ 몸으로 귀의 움직임을 표현해 봅시다.

■ 코끼리 입 옆에 있는 뿔은 무엇일까요?

• 상아라고 한다. 상아는 코끼리의 어금니이다.

○ 코끼리의 습성에 대하여 이야기를 나눈다.

■ 코끼리는 무엇을 먹고 살까요?

• 나무열매나 풀잎, 나무껍질, 나뭇잎, 나뭇가지 등을 먹고 산다(초식동물임).

• 먹이를 하루에 200kg이나 먹는다. 200kg은 우리반 친구들 10명 정도의 무게 이다. **T**IP 2

**집단형태**

대집단활동

**활동유형**

이야기나누기

**활동자료**

코끼리 사진, 관련 그림, 책

**T**IP 1 코끼리에 대한 동영상 이나 비디오테이프가 있는 경우 교육자료로 사용하면 효과적이다.

**T**IP 2 200kg, 100L에 해당 하는 유아들에게 친숙한 사물과 그 사물의 개수를 예로 제시하여, 유아들이 무게와 양을 짐작할 수 있도록 한다.

- 물도 100L씩 마신다. (500mL의 빈 병을 보여 주며) 100L는 이 물병 200개 정도의 물이다.
- 코끼리는 잠을 자는 4시간 외에는 온종일 먹이를 찾거나 먹으면서 시간을 보낸다.
- 먹이를 어떻게 먹을까요?
  - 열매나 잎을 코로 따서 입에 넣는다.
- 아기 코끼리는 무엇을 먹을까요?
  - 엄마 젖이 있는 곳으로 가서 입으로 먹는다.

### 유의점

- 코끼리에 대해서 이야기 나눈 것 외에 더 알고 싶은 점이 있을 경우 교사가 대답해 준다. 교사도 모르는 질문에 대해서는 유아, 교사 모두 책이나 인터넷 등을 통해 알아 와서 다음날 다시 이야기를 나누기로 한다.

### 관련활동

- 율동 '코끼리' (82쪽 참고)
- 동시 '코끼리' (79쪽 참고)

### 활동목표

- 코끼리의 생김새와 생활습성을 안다.
- 반복된 구절을 낭송하며 운율을 느낀다.
- 코끼리의 움직임을 묘사하는 의성어와 의태어 표현을 이해한다.

### 활동방법

○ 교사가 '코끼리'에 대한 수수께끼를 낸다.

- 나는 몸이 큰 동물이에요.
- 내가 움직이면 나의 큰 귀가 펄럭펄럭 움직여요.
- 사람들이 나에게 과자를 주면, 손 대신 코를 움직여서 먹어요.
- 나는 누구일까요?
  - 코끼리

○ 코끼리처럼 움직여 본다.

- 코끼리처럼 몸을 움직여 볼까요?
  - 손으로 귀를 만들어 흔들흔들 움직여 본다.
  - 손으로 긴 코를 만들어 먹이 먹는 모습을 표현해 본다.

○ 교사는 '코끼리' 동시를 소개한다.

- 코끼리의 움직임을 나타낸 '코끼리'라는 동시가 있어요.

○ 교사는 '코끼리' 동시를 낭송한다.

- 코끼리가 어떻게 움직이는지 잘 생각하면서 들어 보세요.

○ 동시를 들은 뒤 생각과 느낌을 이야기한다.

- 동시를 듣고 나니, 어떤 생각이 드나요?

○ 동시자료를 이용하여 동시의 내용을 회상한다.

- 코끼리의 몸이 어떻다고 했나요?
  - 커다랗다.
- 코끼리의 코는 어떻게 생겼다고 했나요?
  - 길고 꾸불꾸불하다.
- 귀는 어떻게 생겼다고 했나요?
  - 크다. 흔들거린다.

### 집단형태

대집단활동

### 활동유형

동시

### 활동자료

반입체 그림자료(코끼리의 귀, 코, 꼬리를 조작할 수 있는 그림판), 코끼리 사진

'코끼리' 동시자료

■ 꼬리는 어떻게 생겼다고 했나요?

• 꼬불꼬불하다.

○ 교사와 유아가 동시를 나누어서 낭송한다. 유아는 각 연의 첫 행인 '코끼리 커다 란 몸' 부분을 낭송하고 교사는 각 연의 두 번째 행을 낭송한다.

○ 교사와 유아가 순서를 바꾸어서 낭송한다.

○ 교사와 유아가 다 같이 낭송한다.

### 동시

# 코 끼 리

코끼리 커다란 몸
긴 코는 꾸불꾸불


코끼리 커다란 몸
커다란 귀는 흔들흔들


코끼리 커다란 몸
작은 꼬리는 꼬불꼬불

### 확장활동

■ '코끼리' 동시에서 소개되는 의성어, 의태어 외에 유아들이 생각한 다른 의성 어, 의태어를 넣어서 개작하거나 다른 동물을 주제로 동시를 개작할 수 있다. 다음은 토끼를 주제로 개작한 동시이다.

# 토  끼

토끼 작은 몸
기다란 귀는 쫑긋쫑긋(뾰족뾰족)


토끼 작은 몸
뛸 때에는 깡충깡충(껑충껑충)


토끼 작은 몸
당근 먹을 때에는 사각사각(오물오물)

- 이야기나누기 '우리가 좋아하는 동물 — 코끼리' (77쪽 참고)
- 율동 '코끼리' (82쪽 참고)

## 활동 9 코끼리

**집단형태**

대집단활동

**활동유형**

율동

**활동자료**

코끼리의 움직임이 나타나 있는 사진이나 영상자료

> **TIP 1** 유아들이 음악에 나타나는 분위기와 느낌을 손뼉이나 무릎을 치거나 몸을 움직여서 표현하게 한다. 느리고, 무겁게, 천천히, 강하게 등의 느낌을 살려 표현할 수 있도록 한다.

**활동목표**

- 코끼리의 생김새와 생활습성에 대하여 안다.
- 코끼리의 움직임 특징을 파악하고 몸으로 표현한다.
- 음악의 분위기를 느끼고 몸으로 표현한다.

**활동방법**

○ 유아들에게 음악을 들려주고 느낌에 대해 이야기를 나눈다.

- 음악을 들어보니 어떤 느낌이 드나요?

○ 유아들과 함께 앉은 채로 음악에 맞추어 무릎을 쳐 본다. **TIP 1**

- 음악에 맞추어 두 손으로 무릎을 쳐 봅시다.

○ 음악에 맞추어 걷는다. **TIP 1**

- 이번에는 음악에 맞추어 걸어 봅시다. 누가 나와서 해볼까요?
- ○○가 정말 잘해 주었구나. ○○가 걸어가는 모습을 보니 생각나는 동물이 있나요?
  - 커다란 코끼리가 천천히 걸어가는 것 같다.

○ 사전에 코끼리의 움직임이 나타난 사진이나 영상자료를 보면서 이야기를 나누었던 것을 회상한다.

- 코끼리가 어떻게 하고 있었나요?
  - 귀를 흔들면서 천천히 움직인다.
  - 먹이를 코로 쥐어서 먹는다.

○ 음악에 맞추어 코끼리처럼 걸어 본다.

- ○○반 어린이들이 코끼리가 되어서 걸어 볼 거예요. 먼저 남자 어린이들이 나와서 코끼리처럼 걸어 봅시다.
- ○○는 아빠 코끼리 같다. ○○는 물을 마시기도 하네. **TIP 2**

○ 유아들의 율동을 평가하고 아직 하지 않은 유아들이 율동을 한다.

- 남자 어린이들 율동을 잘 보았나요?
- 어떤 모습이 가장 기억에 남나요?
  - ○○가 손으로 귀가 펄럭이는 모습을 표현하는 것이 재미있었다.
  - ○○는 몸집이 큰 코끼리처럼 천천히 쿵쿵 걸었다.

> **TIP 2** 교사는 유아들이 다양하게 표현할 수 있도록 여러 가지 상황을 설정해 주고 유아의 움직임을 묘사한다. 유아들의 표현이 제한될 경우 교사가 유아와 함께 다양한 동작을 시범 보인다.

- ○○는 코로 물을 뿜어 샤워를 하는 것처럼 보였다.
- 이번에는 여자 어린이들이 나와서 코끼리처럼 걸어 봅시다.
○ 유아들의 율동을 평가하고 모든 유아들이 나와 율동한다.

**관련활동**

- 이야기나누기 '우리가 좋아하는 동물 − 코끼리' (77쪽 참고)
- 동시 '코끼리' (79쪽 참고)

**악보**

## 코끼리

조금 느리게

※ 출처: 이은화 · 김순세(1973). **어린이 춤곡**. 형설출판사.

귀를 펄럭이는 모습

코를 움직이는 모습

기어가는 모습

**집단형태**

대집단활동

**활동유형**

노래

**활동자료**

새와 개구리의 막대 인형, 타악기(삼각, 리듬막대 등)

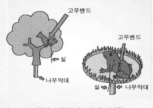

새와 개구리 막대 인형

**활동목표**

■ 새와 개구리의 동물의 울음소리에 관심을 갖는다.

**활동방법**

○ 막대 인형으로 이야기를 들려주며 노래를 소개한다.

■ 나무에 새 한 마리가 재미있게 노래를 하고 있었어요. 어떤 소리가 났을까요? 새가 되어서 노래해 볼게요. (유아와 새 소리 흉내를 낸 후 교사가 1절 노래를 부른다.)

■ 이 소리를 들은 연못 속의 개구리가 신이 나서 울어댔어요. 어떻게 울었을까요? (유아와 개구리 소리를 흉내 낸 후 교사가 2절 노래를 부른다.)

■ 노래에서 새가 개구리에게 무엇이라고 했나요?

• "그게 무슨 노래인가요?"

■ 그래서 개구리가 무엇이라고 대답했을 것 같나요? (유아의 이야기를 듣고 교사가 3절 앞부분 '개구리가 대답하길 그럼 함께 불러 봐요'를 부른다.)

■ 우리도 함께 새와 개구리가 되어 불러 보아요. 누가 새가 되어 볼까요? 누가 개구리가 되어 볼까요? (유아와 교사가 3절 뒷부분을 부른다.)

■ 새와 개구리 중 누가 잘 부른 것 같나요?

○ 유아들과 함께 노래를 부른다.

■ 선생님이 이야기 속에 나온 노래를 처음부터 끝까지 이어서 불러 볼게요.

■ 선생님과 같이 노래를 나누어서 불러 봅시다.

• 유아들은 울음소리를 흉내 내고 나머지 부분은 교사가 부른다.

• 교사는 새가 되고 유아는 개구리가 되어 이야기를 주고받으며 노래 부른다.

• 유아들이 새 역할과 개구리 역할로 나누어 부른다.

■ 처음부터 끝까지 모두 함께 불러 봅시다.

**관련활동**

■ 율동 '새 춤 Ⅰ, Ⅱ'(95쪽, 100쪽 참고)

# 새와 개구리

독일동요

야생 동물

1. 나무 위의 새 한 마리    재미 있게 노래
2. 연못 속의 개구리 가    신이 나서 울어
3. 개 구 리 가 대 답 하 길    "그 럼 함 께 불 러

하 죠    찌 찌    째 째
대 죠    개골 개골    개골 개골
봐 요."    ( 찌 찌    찌 찌
     개골 개골    개골 개골

찌 찌 찌 찌 — 찌 — 찌    째 째 째 째 째
개골 개골 개골 개 골 개 골 개골    개 골 개 골 개골
찌 찌 찌 찌 — 찌 — 찌    이 런 경 우 에
개골 개골 개골 개 골 개 골 개골 )

찌 찌 찌 찌 찌    재 미 있 게 들 리 지 요
새 가 말 하 길    "그 게 무 슨 노 랜 가 요?"
누 가 노 래 를    잘 했 는 지 말 해 봐 요

## 활동 11 기린이랑 사슴이랑

**집단형태**

대집단활동

**활동유형**

노래

**활동자료**

노래자료(기린, 사슴, 나무, 바위 그림), 게시판

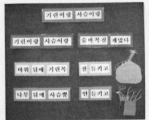

'기린이랑 사슴이랑' 노래자료

**활동목표**

■ 기린과 사슴의 생김새 특징을 안다.

**활동방법**

○ 그림자료를 사용하여 노랫말을 이야기로 들려준다.

■ 기린과 사슴이 숨바꼭질을 하며 놀고 있었어요.

■ 기린은 어디에 숨었을까요? 기린은 바위 뒤에 숨었어요. 사슴이 찾기 쉬웠을까요? 왜 그렇게 생각하나요?

• 기린의 목이 바위보다 길어서 찾기 쉽다.

■ 이번에는 기린이 찾을 차례예요. 그런데 기린은 아무리 찾아도 사슴을 찾을 수가 없었어요. 사슴은 어디에 숨었을까요?

• 나무 뒤에 숨었다.

■ 왜 나무 뒤에 숨은 사슴을 찾기 어려웠을까요?

• 사슴뿔과 나뭇가지가 비슷하게 생겼기 때문에 찾기 어려웠다.

○ 교사가 노래를 들려준다.

■ 기린이랑 사슴이 숨바꼭질한 이야기를 노래로 불러 볼게요.

○ 유아들과 함께 노래를 부른다.

○ 유아들이 노래를 익숙하게 부르면 노랫말을 변형하여 불러 본다.

**유의점**

■ 노랫말 중 '잘 들키고'를 부를 때 짧고 톡톡 끊어서 부르도록 지도한다. 스타카토 기법으로 그 부분만 들려주어 유아들이 스타카토의 느낌을 알 수 있도록 한다.

**관련활동**

■ 이야기나누기 '집 동물과 야생 동물' (16쪽 참고)

악 보

# 기린이랑 사슴이랑

작곡 이은렬

기 린 이 랑  사 슴 이 랑  숨 바 꼭 질 재 밌  다

바 위 뒤 에 기 린 목  잘 ― 들 키 고

나 무 뒤 에 사 슴 뿔  안 ― 들 키 고

야생 동물

**활동 12**

# 다람쥐 소풍 가는 길

**집단형태**

대집단활동

**활동유형**

음악감상

**활동자료**

다람쥐 모습이 담긴 그림이나 사진, 음악자료[다람쥐 소풍가는 길(류형선 작곡)], CD 플레이어, 해금사진, 해금연주 음악자료

**유아들이 음악을 듣고 지은 이야기**

다람쥐가 숲 속에 놀러갔다가 숲 속에서 마음 좋은 마귀 할머니를 만나서 함께 저녁식사를 했어요.

**활동목표**

■ 국악기에 친숙해지고 관심을 가진다.

■ 음악을 듣고 어울리는 장면을 창의적으로 생각한다.

**활동방법**

○ 국악기 중 해금에 대해 이야기한다.

■ (사진 또는 실물을 보며) 이 악기를 본 적이 있나요? 어떤 악기인가요?

• 해금

■ 악기가 어떻게 생겼나요?

■ (소리를 들려주며) 악기 소리는 어떤가요?

■ 이 악기는 어떻게 소리를 낼 것 같나요?

• 활을 두 줄 사이에 넣고 문질러서 소리를 낸다. 줄을 잡는 손의 위치와 줄을 누르는 손의 힘에 따라 음높이가 달라진다.

○ 음악을 감상한다.

■ 해금으로 연주한 음악이 있어요. 함께 들어 봅시다.

○ 음악을 들은 후 느낀 점을 이야기한다.

■ 음악을 들으니 어떤 느낌이 드나요?

■ 이 음악은 어떤 동물이 움직이는 모습을 보면서 만든 곡이라고 해요. 어떤 동물이 떠오르나요? 왜 그 동물이 떠올랐나요?

○ 음악의 제목을 소개한다.

■ 이 음악의 제목은 '다람쥐 소풍 가는 날' 이에요.

■ 이 곡은 제목이 있지만 이야기가 없어요. 다람쥐의 소풍가는 날 모습을 보며 만든 곡이지만 소풍을 위해 어떤 것들을 챙겨 어디로 갔는지, 소풍을 가서 무엇을 하며 놀았는지 등에 대한 이야기가 없어요.

■ 오늘은 음악을 들으면서 이야기를 만들어 볼 거예요.

○ 음악을 들으며 이야기를 만들어 본다.

■ 다람쥐가 어떻게 움직이는 것 같나요?

■ 어떤 이야기가 담겨 있는 것 같나요?

○ 다시 한 번 음악을 감상한다. 이때 교사는 유아들과 지은 이야기를 들려준다.

**확장활동**

■ 실내자유선택활동 시간에 음악을 들려주고 유아들에게 각 장면의 그림을 그리게 한 후, 책으로 엮어 음악 CD와 플레이어를 듣기 영역에 내어 준다.

■ 음악을 감상하며 유아들이 음악의 이야기에 큰 관심을 보일 경우 유아들이 생각한 이야기를 몸으로 표현해 보는 활동을 실시한다.

**야생 동물**

**활동 13 벌집**

**집단형태**

대집단활동

**활동유형**

율동 · 노래

**활동자료**

노래자료, 게시판, 꿀벌 및 벌집 사진

'벌집' 활동자료

**활동목표**

■ 벌의 생김새와 생활습성에 대하여 안다.
■ 벌집의 생김새와 구조에 대해 안다.

**활동방법**

| 노래 |

○ 벌을 본 경험에 대해 이야기를 나눈다.

■ 벌을 본 적이 있나요? 벌이 어떻게 움직이나요?
• 매우 빠르게 날개짓을 하며 날아다닌다.

■ 벌이 날아다닐 때 어떤 소리를 내나요?
• 윙윙거린다.

■ 벌들이 사는 벌집을 본 적이 있나요? 벌집은 어떻게 생겼나요?
• 나뭇가지나 집의 기둥 사이에 매달려 있다.
• 벌집에는 육각형 모양의 구멍이 여러 개 나 있다. 그 구멍 사이로 벌들이 지나다니며, 여러 마리의 벌들이 함께 생활한다. 그러나 하나의 구멍을 만들고 혼자 살아가는 벌(가위 벌, 호리병 벌)도 있다.

○ 교사가 자료를 이용하여 노래를 부른다.

벌집 안에 있는 벌

벌집 밖으로 나온 벌

■ 벌들이 벌집을 드나드는 모습이 담긴 노래가 있어요. **Ⓣ IP 1**

○ 유아들과 함께 노래를 부른다.

**Ⓣ IP 1** 노래를 부를 때 노랫말에 맞추어 자료를 조작한다. 벌집 안에 벌들이 들어 있는 상태에서 노래를 시작해 1절 '하나, 둘 ~ 다섯, 여섯' 부분에서 각 숫자에 해당하는 벌들을 벌집 밖으로 움직인다. 반대로 2절 '하나, 둘 ~ 다섯, 여섯' 부분에서는 해당 벌들이 다시 벌집 안으로 들어오도록 움직인다.

|율동|

○ '벌집' 노래를 부르고 활동을 소개한다.

■ '벌집' 노래에 맞추어 율동을 해볼 거예요. 어떻게 율동을 할 수 있을지 생각하면서 불러 보도록 해요.

○ 벌집 구조를 살펴보며 율동에 필요한 인원수를 알아본다. **T**IP 2

■ (벌집 그림을 보며) 이것은 무엇일까요?

■ 벌집 하나의 모양이 어떻게 생겼나요?

• 육각형 모양이다.

■ 육각형을 만들기 위해서는 몇 명이 필요할까요?

• 6명

■ 6명이 육각형 모양의 벌집을 만들 거예요. 그리고 그 사이에 벌들이 한 마리씩 들어가 앉아 있으면 되요.

■ 벌들은 몇 마리 필요한가요?

• 6마리

■ 그럼 이 율동을 하기 위해 모두 몇 명이 필요한가요?

• 벌집 6명과 벌 6명, 모두 12명이 필요하다.

○ 각 동작을 소개한다.

① 준비

■ 벌집이 될 6명이 손을 잡고 동그랗게 서서 벌집을 만들어요. 서로 손을 잡아 생긴 구멍으로 벌들이 드나들 거예요.

■ 그런데 한 구멍으로 여러 마리의 벌들이 드나들면 어떻게 될까요?

• 서로 부딪힌다.

■ 벌들이 부딪히지 않기 위한 방법이 있어요. 벌집 구멍에 번호를 정하고 벌들도 번호를 정해요. 1번 벌은 1번 구멍에 들어가고, 2번 벌은 2번 구멍에 들어가는 거예요. 그럼 3(4, 5, 6)번 벌은 몇 번 구멍에 들어가야 할까요?

• 3(4, 5, 6)번 구멍

■ 벌들은 벌집 안에 들어가 서로 등을 맞댄 채 앉아 있어요. 쉽게 자기 구멍을 찾아 나오려면 어디에 앉는 것이 좋을까요?

■ 자기와 같은 번호 구멍 앞에 앉는다.

■ 벌을 맡을 사람, 벌집을 맡은 사람을 정해 봅시다. 각각의 번호도 정해 봅시다.

② 벌집은 있고 벌은 없네 ~ 이리로 기어 나오도다

■ 벌집을 맡은 유아들이 손을 잡은 채로 오른쪽으로 걸어가요.

■ 벌을 맡은 유아들은 벌집 안에 앉아서 나올 준비를 해요.

■ 벌집을 맡은 사람들이 노래를 부르며 걸어가다가 자기 번호의 벌들 앞에 왔을 때 벌들이 나올 수 있도록 멈춰 서세요.

야생 동물

**T**IP 2 벌집 모양에 대해 이야기할 때 화이트보드에 보드마커펜으로 그림을 그리면 유아들이 이해하기 쉽다.

벌들이 벌집 안에 있는 모습

③ 하나, 둘, 셋, 넷, 다섯, 여섯
- 벌들은 노래에 나오는 자기 숫자에 맞추어 구멍 밖으로 나가요. '하나' 할 때는 1번 벌이 나가고, '둘' 할 때에는 2번 벌이 나가는 거예요. '셋(넷, 다섯, 여섯)' 할 때는 누가 나가야 할까요?
  - 3(4, 5, 6)번 벌
- 벌집을 맡은 사람들은 팔을 올려 구멍을 크게 해 주어 벌들이 쉽게 나올 수 있도록 해요.

④ 윙윙윙 윙윙 ~ 이리로 기어들어 오도다
- 벌집 밖으로 나온 벌들은 자유롭게 날아다녀요.
- '이리로 기어 들어오도다' 부분에서는 날아다니는 벌들이 벌집 근처로 돌아와 자기 숫자 구멍 앞에 서요. 벌집 안으로 들어갈 준비를 하는 거예요.

⑤ 하나, 둘, 셋, 넷, 다섯, 여섯
- 구멍 안으로 다시 들어가는 거예요. 노래에 나오는 자기 숫자에 맞추어 구멍 안으로 들어가요. '하나' 할 때는 1번 벌이 들어가고, '둘' 할 때에는 2번 벌이 들어와요. '셋(넷, 다섯, 여섯)' 할 때는 누가 들어가야 할까요?
  - 3(4, 5, 6)번 벌

○ 12명이 한 조가 되어 율동을 한다.

○ 율동을 평가한다.
- 벌들의 움직임이 어떠하였나요?
- 벌집 모양은 어떠하였나요?
- 율동할 때 불편한 점은 없었나요? 어떻게 하면 좋을까요?
  - 벌집의 구멍이 작아 벌들이 드나들기 불편했다. 벌집 만드는 사람이 팔을 쭉 펴서 벌집이 작아지지 않도록 한다.
  - 벌들이 숫자에 맞추어 구멍 안으로 들어가기 어려웠다. 벌이 되는 사람들은 자기가 들어갈 구멍을 잘 기억해서 각자 맞는 구멍으로 들어간다.

○ 앉아서 보던 유아들이 나와 율동을 한다.

○ 다함께 율동을 한다. 이때 벌집과 벌 역할을 맡았던 유아들이 서로 역할을 바꾸어 한다.

**유의점**

- 노래를 먼저 배워 유아들이 노래를 충분히 익힌 상태에서 율동을 한다.
- 벌의 순서와 벌집의 각 구멍에 붙여진 순서를 잘 기억하지 못하여 율동을 하면서 다른 구멍으로 나오는 유아들이 있다. 이러할 경우 다른 유아들과 동선이 겹치게 되어 율동이 원활하게 진행되기 어려우므로 유아들이 자신의 순서와 위치를 잘 기억할 수 있도록 한다. 교실 바닥에 구멍의 위치에 맞게 순서표를 붙이거나, 벌 역할을 맡은 유아들이 순서가 적힌 목걸이를 걸어서 쉽게 기억할 수 있도록 한다.

| 설 명 | 동 작 |
|---|---|

① 준 비

- 벌집이 된 유아들은 손을 잡아 원을 만든다.
- 벌집의 구멍에 번호를 정한다. (1~6번)
- 꿀벌이 된 유아들도 순서를 정한다. (1~6번)

② 벌집은 있고 벌은 없네 벌들이 어디 숨었
   을까 이리로 기어 나오도다

- 벌집이 된 유아들은 오른쪽(시계 반대
  방향)으로 박자에 맞추어서 계속 걸어
  간다.
- 벌이 된 유아들은 벌집 안에서 서로 등
  을 댄 채 앉아 있는다.

③ 하나, 둘, 셋, 넷, 다섯, 여섯

- 벌집은 멈춰서서, 팔을 올려 문을 크게
  해 준다.
- 벌이 된 유아들이 자기 순서에 맞추어
  서 정한 구멍으로 기어 나온다.

④ 윙윙윙 윙윙 윙윙윙윙 윙윙윙 윙윙 윙윙
   윙윙 이리로 기어 들어오도다

- 벌이 된 유아들은 자유로이 날면서 돌
  아다닌다.
- 벌집은 손을 잡고 가만히 흔들면서 그
  자리에서 기다린다.

| 설 명 | 동 작 |
|---|---|
| ⑤ 하나, 둘, 셋, 넷, 다섯, 여섯<br><br>• 벌집은 서서 팔을 올려 문을 크게 해 준다.<br><br>• 벌이 된 유아들은 자기 순서에 맞추어서 정해진 구멍으로 기어들어 간다. |  |

악 보

# 벌 집

미국동요
편곡 김순세

1. 벌 집 은 있 고 벌 은 없 네
2. 윙 윙 윙 윙 윙 윙 윙 윙 윙

벌 들 이 어 디 숨 었 는 가
윙 윙 윙 윙 윙 윙 윙 윙 윙

이 리 로 기 어 나 오 도 다
이 리 로 기 어 들 어 오도 다

하나 둘 셋 넷 다섯 여섯

## 활동 14 새 춤 I

**활동목표**

- 새의 생김새와 생활습성에 대하여 안다.
- 음악을 들으며 패턴화된 율동을 즐긴다.

**활동방법**

○ 유아들과 새를 본 경험에 대해 이야기를 나눈다.

- 새를 본 적이 있나요? 어디서 보았나요?
- 무슨 새를 보았나요?
- 새가 무엇을 하고 있었나요?
  - 하늘을 날고 있었다. 먹이를 먹고 있었다. 나뭇가지에 앉아 있었다.

○ 새의 움직임을 담은 동영상을 본다. **TIP 1**

- 새가 하늘을 날 때 두 날개를 어떻게 하나요? 다리는 어떻게 하고 있나요?
- 새가 먹이를 먹을 때 입을 어떻게 하고 먹나요?

○ 새가 움직이는 모습을 보며 만든 곡이 있음을 알려 주고, 음악을 들려준다.

○ 음악을 들은 후의 느낌을 이야기 나눈다.

- 이 음악은 새의 어떤 모습을 보면서 만든 것 같나요?
- 이 음악에 맞추어 어떻게 움직여 볼 수 있을까요?

○ 유아가 3~4명 나와 음악에 맞추어 몸을 움직여 본다.

○ 유아들의 표현을 격려하고 수정해 준다.

**| 유아의 율동 표현을 전반적으로 격려하고자 할 경우 |**

- ○○는 새가 무엇을 하고 있는 모습을 나타냈나요?
- ○○는 팔(다리, 머리 등)을 이용하여 새의 어떤 모습을 나타냈나요?

**| 특정 새의 모습을 표현한 유아가 있을 경우 |**

- ○○는 어떤 새를 나타냈나요? 왜 그렇게 생각하였나요?
- ○○새처럼 움직이려면 또 어떻게 움직여 볼 수 있을까요?

○ 각 동작을 소개한다.

- 이 곡은 음악에 맞추어 정해진 동작에 맞게 춤을 출 수 있어요. 선생님이 동작을 보여 줄게요.

① 준비

---

**집단형태**

대집단활동

**활동유형**

율동

**활동자료**

새가 나는 모습이나 먹이 먹는 모습 등 여러 행동이 담긴 그림이나 사진, 새 관련 영상 자료

**TIP 1** 율동을 배우기 전, 새의 특징(예: 모습, 움직임 등)에 대해 충분히 탐색하고 이야기를 나누어 유아들이 몸으로 새를 표현하는 과정에 도움이 되도록 한다.

■ 피아노 간주가 나오는 동안 손을 허리에 올리고 무릎을 굽혔다 피는 동작을 반복해요.

② 첫 번째 동작 (2마디)

■ 새처럼 양팔을 벌린 후, 음악에 맞추어 자유롭게 스키핑을 해요.

③ 두 번째 동작 (2마디)

■ 두 손을 허리 뒤로 모아서 새 꽁지와 같은 모양으로 뒷짐을 지어 보세요.

■ 이렇게 뒷짐을 진 채로 오른쪽으로 한 걸음 가서 오른쪽을 보며 고개를 숙여 인사를 한 후, 왼쪽으로 한 걸음 가서 왼쪽을 보며 고개를 숙여요. 인사를 할 때에는 무릎도 한 번 굽혔다가 피세요.

④ 세 번째 동작 (4마디)

■ 이어서 ①~② 동작을 한 번 더 해요.

⑤ 네 번째 동작 (2마디)

■ 이 부분에서는 한 박자에 맞추어 양팔을 벌린 채로 오른쪽으로 한 걸음 뛰고 발을 옆에 모아 주세요. 이때 팔은 새가 날갯짓을 하듯 내렸다가 올리세요. 곧바로 왼쪽으로 한 걸음 뛰고 발을 모아주는 거예요.  그리고 제자리에서 양팔을 앞뒤로 흔들며 뛰세요.

⑥ 다섯 번째 동작 (2마디)

■ 이어서 ⑤~⑥동작을 한 번 더 해요.

⑦ 여섯 번째 동작 (4마디)

■ 오른쪽으로 한 걸음 뛰어서 앉은 후, 한 손을 부리처럼 입에 대고, 다른 한 손은 새 꼬리처럼 하여 엉덩이에 대요.

■ 곧바로 왼쪽 방향으로 몸을 틀어 뛰면서 부리, 꼬리를 했던 손을 서로 바꾸어요.

■ 다시 오른쪽 방향으로 한 번 더 바꾼 후, 그 자체로 제자리에서 뛰면서 한 바퀴를 돌면 되요.

○ 교사가 처음부터 끝까지 이어서 율동을 보여 준다.

○ 5~6명씩 집단을 이루어 차례로 앞에 나와 율동한다.

○ 한 집단 유아들이 한 율동을 마칠 때마다 평가한다. 🅣IP 2

■ 율동을 하니 어떠하였나요? 하기 어려운 동작이 있었나요?

○ 평가를 반영하여 다른 집단 유아들이 나와 율동을 한다.

🅣IP 2  교사는 유아들이 율동할 때 시범을 보여 주면서 유아들의 율동을 유심히 관찰한다. 유아들이 정확하게 표현하지 못한 동작을 다시 시범 보이며 설명한 후 연습하게 한다.

### 유의점

■ 유아들이 동작을 잘 모르는 상태에서 음악에 맞추다 보면 정확한 동작을 하기 어려우므로 여러 번 연습하여 동작을 익힌 후에 음악에 맞춰 율동하도록 한다.

### 관련활동

■ 율동 '새 춤 II' (100쪽 참고)

| 설명 | 동작 |
|---|---|
|  ① 양팔을 벌리고 스키핑한다. |  |
|  ② 두 손을 모아 새 꽁지 모양으로 뒷짐을 진 채 멈추어 서서 오른쪽으로 한 걸음 가서 오른쪽 보며 인사, 왼쪽으로 한 걸음 가서 왼쪽 보며 인사한다. 이때, 인사를 할 때는 무릎을 한 번 굽혔다 편다. |  |
|  ③ 양쪽 팔을 벌리고 다시 스키핑한다. |  |
|  ④ ②번 동작을 반복한다. |  |
|  ⑤ 양팔을 벌린 채 오른쪽으로 한 걸음 뛴 다음 발을 모은다. 양팔을 벌린 채 왼쪽으로 한 걸음 뛰고 발을 모은다. |  |
|  ⑥ 제자리에서 양팔과 양다리를 앞뒤로 흔들며 뛴다. |  |

| 설명 | 동작 |
|---|---|
|  ⑦ ⑤번과 같은 동작을 반복한다. |  |
|  ⑧ ⑥번 동작을 반복한다. |  |
|  ⑨ 오른쪽으로 한 걸음 뛰어 앉으면서 한 손을 입에 대고 부리처럼, 다른 한 손은 꼬리처럼 하여 엉덩이에 댄다. |  |
|  ⑩ 왼쪽 방향으로 ⑨번 동작을 반복한다. 이때 부리와 꼬리를 만들었던 손도 좌우가 바뀐다. |  |
|  ⑪ 오른쪽 방향으로 ⑨번과 같은 동작을 반복한다. |  |
|  ⑫ ⑪번의 자세로 제자리에서 한 바퀴 뛰어 돈다. IP 3 |  |

새 춤 I 율동하기

**TIP 3** 유아들이 ⑫번 동작을 하기 어려워할 경우, 앉아서 한 바퀴를 돌거나 선 채로 손으로 부리와 꼬리만 만들어 돌도록 한다.

# 새 춤

※ 출처 : 이은화 · 김순세(1973). **어린이 춤곡**. 형설출판사.

**집단형태**
대집단활동

**활동유형**
율동

**활동목표**

■ 새의 생김새와 생활습성에 대하여 안다.

■ 음악을 들으면서 패턴화된 율동을 즐긴다.

**활동방법**

○ '새 춤 Ⅰ'을 추었던 것을 회상하며 다 함께 율동을 해 본다.

○ '새 춤Ⅱ' 율동을 소개한다.

■ 지난 시간에 어떤 동물이 되어 율동을 해 보았나요?

• 새

■ 지난 시간에는 ○○○반 어린이들이 모두 새가 되어 각자 새 춤을 추었어요. 오늘은 친구와 함께 짝이 되어 '새 춤'을 춰 볼 거예요.

■ (교사가 '새 춤 Ⅱ'를 보여 준 후) '새 춤 Ⅱ'는 '새 춤 Ⅰ'과 어떻게 다른가요? 어떤 새로운 동작들이 있나요?

○ 각 동작을 소개한다.

① 첫 번째 동작

■ 짝과 한 손을 잡고 옆으로 선 후, 음악이 시작하면 한쪽 발을 앞으로 내밀며 발꿈치를 찍고, 그 발을 곧바로 뒤로 보내 발끝을 찍어요.

■ 짝과 손을 잡은 채로 앞으로 세 번 걸어 나가요.

■ 이때 주의해야 할 점이 있어요. 어떤 점을 주의해야 할까요?

• 앞으로 나갈 때 너무 크게 걸어 나갈 경우, 앞에서 율동하는 사람들과 부딪힐 수 있으므로 적당한 간격만큼 나가도록 한다.

② 두 번째 동작

■ 이번에는 짝과 두 번 인사를 할 거예요.

■ 먼저 짝과 마주보고 인사를 할 거예요. 손을 잡은 채로 인사를 할 텐데, 인사를 하다가 서로 부딪치지 않으려면 어떻게 해야 할까요?

• 바깥쪽(뒤로) 한 걸음 나가서 인사한다.

③ 세 번째 동작

■ 다시 안쪽으로 한 걸음 들어와 서로 등을 맞대고 바깥을 보면서 인사를 해요. 인사를 할 때에는 무릎도 함께 굽혀야 해요.

④ 네 번째 동작, ⑤ 다섯 번째 동작

■ 앞에서 했던 동작을 한 번 더 반복할 거예요.

⑥ 여섯 번째 동작

■ 이 부분에서는 짝과 서로 마주보고 서서 머리 위에서 손뼉을 한 번 치고, 무릎 아래에서 손뼉을 한번 쳐요.

■ 곧이어 짝과 두 손바닥을 세 번 마주치세요.

■ 이 동작을 한 번 더 하세요.

⑦ 일곱 번째 동작

■ 마지막으로 짝과 두 손을 잡고 오른쪽 방향으로 한 발씩 바꾸어 호핑을 하며 돌아요. **T**IP 1

○ 반집단의 유아들이 나와 율동을 한다. **T**IP 2

○ 평가를 한다. **T**IP 3

■ (율동을 한 유아들에게) 율동을 하니 어떠하였나요? 율동하기에 어려운 동작이 있었나요?

■ (율동을 본 유아들에게) 친구들이 하는 율동을 보니 어떠하였나요?

■ 율동을 할 때 어떤 점을 주의해야 할까요?

• 친구와 손을 잡고 같은 속도로 움직인다.

• 친구와 손을 잡고 돌 때 너무 빠르게, 세게 돌지 않는다.

○ 다른 반집단의 유아들이 나와 율동을 한다.

○ 율동을 할 경우 음악에 맞추어 율동을 한다.

**관련활동**

■ 율동 '새 춤 I' (95쪽 참고)

야생 동물

**T**IP 1 호핑하면서 돌되, 한 발로만 계속 호핑하기는 힘이 드므로 발을 바꾸면서 호핑하도록 한다.

**T**IP 2 이 활동을 짝과 함께 하며, 앞으로 이동하는 율동이므로 반의 모든 유아들이 나와서 정면을 바라보고 율동을 하기는 어렵다. 만일 모든 유아들이 다함께 율동을 하기를 원한다면, 모든 유아들이 짝과 함께 사각형 대형으로 서서 한쪽 방향을 바라보고 율동하도록 한다.

**T**IP 3 교사는 유아들이 율동할 때 시범을 보여 주면서 유아들의 율동을 유심히 관찰한다. 유아들이 정확하게 표현하지 못한 동작을 다시 시범 보이며 설명한 후 연습하게 한다.

| 설명 | 동작 |
|---|---|
| <br>① 짝과 한쪽 손만 잡고 바깥 발을 앞으로 내밀어 발꿈치를 찍고 뒤로 보내 발끝을 찍고 앞으로 세 걸음 걸어간다. |  |
|  | |
| <br>② 바깥쪽으로 한 걸음 나가 마주 보고 인사를 한다. |  |
| <br>③ 안쪽으로 한 걸음 들어와 등을 대고 인사를 한다. |  |
| <br>④ 짝과 한쪽 손만 잡고 바깥 발을 앞으로 내밀어 발꿈치를 찍고 뒤로 보내 발끝을 찍고 앞으로 세 걸음 걸어간다. |  |
|  |  |

⑤ ②, ③의 동작을 반복한다.

⑥ 마주 보고 자신의 양손을 머리 위로 들어 손뼉을 치고, 무릎 아래로 내려 손뼉을
한 번 친 후 짝과 손바닥을 세 번 부딪친다(2회 반복한다).

⑦ 짝과 두 손을 잡고, 오른쪽(시계 반대 방향)으로 한 발씩 바꾸어 가며 호핑하며
돈다.

새 춤 ll 율동하기

## 활동
# 16 동물 울음소리를 닮은 악기

**집단형태**
자유선택활동

**활동유형**
음률 영역

**활동자료**
동물 울음소리 음악 파일(딱따구리, 청개구리, 두꺼비, 귀뚜라미 울음 소리), 카세트 플레이어, 동물 울음소리를 나타낼 수 있는 악기

**활동목표**

■ 동물의 울음소리에 관심을 갖는다.
■ 다양한 악기 소리를 탐색한다.
■ 악기 연주 방법을 익힌다.

**활동방법**

○ '작은 동물원' 노래를 부르며 모여 앉는다.
○ 동물들의 울음소리를 듣는다.

■ (참개구리 소리를 들려주며) 이 소리는 어떤 동물의 울음소리일까요?
  • 개구리 울음소리
■ 맞아요. 개구리가 우는 소리예요. 그렇다면 딱따구리는 어떤 울음소리를 낼까요?

○ 동물 울음소리를 닮은 악기를 탐색한다.

■ 동물들의 울음소리를 악기소리로 표현해 볼게요. 잘 듣고 어떤 동물의 울음소리와 닮았는지 생각해 보세요.
■ (악기를 연주하며) 어떤 동물의 소리 같나요?
  • 딱따구리, 참개구리, 두꺼비, 귀뚜라미
■ 선생님이 이 악기를 어떻게 연주했나요?

| | |
|---|---|
| • 딱따구리 소리를 내는 악기: 한 손으로 딱따구리가 있는 나무통을 잡고 다른 한 손으로 통 아래의 줄을 잡는다. 줄을 아래로 잡아당기면 새 부리가 통을 치면서 소리를 낸다. | 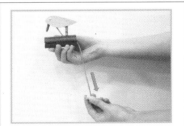<br>한 손으로 통을 잡고 다른 한 손으로 줄을 아래로 잡아당기기 |
| • 참개구리 소리를 내는 악기: 나무막대를 잡고 돌리면 줄이 돌아가면서 소리를 낸다. | <br>나무막대를 잡고 돌리기 |

| | |
|---|---|
| • 두꺼비 소리를 내는 악기 : 나무막대로 두꺼비 등의 울퉁불퉁한 부분을 긁어 소리를 낸다. | 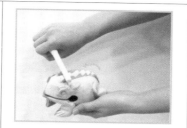<br>나무막대로 두꺼비의 등 긁기 |
| • 귀뚜라미 소리를 내는 악기 : 귀뚜라미 배의 파인 부분을 막대로 긁어 소리를 낸다. | <br>귀뚜라미 배의 파인 부분 긁기 |

동물 울음소리 닮은 악기 연주하기

○ 악기 소리를 들어본다.

　■ 다시 한 번 악기 소리를 들어 봅시다.

○ 악기들을 연주해 본다.

　• 각자 원하는 악기들을 하나씩 정해 보세요. 우리가 배운 노래를 부르며 연주해 봅시다.

관련활동

　■ 노래 '새와 개구리' (84쪽 참고)

　■ 신체(게임) '동물 울음소리 흉내 내기' (106쪽 참고)

# 활동 **17** 동물 울음소리 흉내 내기

**집단형태**
대집단 활동

**활동유형**
신체(게임)

**활동목표**

- 다양한 동물들의 울음소리를 안다.
- 순발력을 기른다.

**활동방법**

○ 동물 울음소리를 듣고 맞히며 활동을 도입한다.

○ 교사는 유아마다 동물 이름으로 별명을 지어 준다.
  - 선생님이 동물 이름으로 별명을 지어 줄 거예요.
  - 게임을 하는 동안 선생님이 말해 준 동물이 되는 거예요. ⓣIP

○ 게임 방법을 소개한다.
  - 지금부터 재미있는 동물 이야기를 들려줄 거예요.
  - 이야기를 듣다가 자기의 별명이 나오면 자리에서 일어나 큰 목소리로 울음소리를 내고 앉으세요.
  - 선생님이 '동물' 이라고 말하면 모든 유아들이 일어나 자기의 별명인 동물의 울음소리를 내고 앉는 거예요.
  - 만약, 자기의 별명이 나왔는데도 일어나지 않는 사람이 있으면 어떻게 하면 좋을까요?
    • 벌칙을 정한다(예: 노래 부르기, 몸으로 흉내 내기 등).
  - 이제 이야기를 잘 들어 보세요.
  - 옛날 어떤 마을에 개와 고양이, 닭, 돼지 이렇게 네 마리가 살고 있었습니다. 네 마리는 매일 싸우기만 했어요. 하루는 개가 고양이, 닭, 돼지를 불러서 이렇게 말했습니다. "고양아 고양아, 닭아 닭아, 돼지야 돼지야, 앞으로 우리 싸우지 말고 사이좋게 놀자." "그래, 그래." 그 후로 개, 고양이, 닭, 돼지 네 마리 동물들은 사이좋게 지내게 되었습니다.

○ 유아들이 게임에 익숙해지면 유아가 이야기를 만들어 보도록 한다.

**관련활동**

- 음률 영역 '동물 울음소리를 닮은 악기' (104쪽 참고)

ⓣIP 동물 이름은 3~5개 정도로 정한다. 자리 순서대로 네 편으로 나눠서 같은 동물 이름을 정해 줄 수도 있다(예: **부터 ○○까지는 고양이).

교사 이야기 듣고 자신이 맡은
동물 소리 내기

활 동

## 18 가장 빠른 동물

**활동목표**

- 동물들의 움직임과 속도에 대해 관심을 갖는다.
- 한 가지 특성을 기준으로 사물을 순서 짓는다.

**활동방법**

○ 세상에서 가장 빠른 동물이 무엇일지 생각해 본다. **T**IP 2

○ 가장 빠른 동물을 정하는 이야기를 통해 동물그림을 배경 그림판에 붙인다.

- 동물들이 모여서 누가 가장 빠른지 알아보는 시합을 열었어요.
- (동물 개체들을 출발선에 붙이며) 하늘에서는 갈매기, 매, 제비, 까마귀가 경기에 참가하고, 땅에서는 거북이, 뱀, 사람, 타조, 기린, 치타가 경기에 참가했어요. 바다에서는 흰긴수염고래, 바다거북이 참가했지요.
- 누가 얼마나 빨리 달렸는지 봅시다. (치타와 타조를 해당 위치에 붙이며) 치타와 타조가 힘차게 달렸어요. 까마귀도 비슷한 속도로 훨훨 날아갔지요. 그런데 까마귀는 치타보다는 느렸지만 타조보다는 빨리 날아갔어요. 누가 까마귀를 그림에 붙여 볼까요?
- (기린을 해당 위치에 붙이며) 타조 뒤에는 기린이 따라갔어요. 이에 질세라 갈매기도 날아갔지요. 갈매기는 타조를 따라잡지는 못했지만 기린보다는 빨리 날았어요. 갈매기가 어디에 있을지 누가 붙여 볼까요?

○ 이와 같은 형식으로 모든 동물그림 개체를 붙인다.

○ 완성된 그림판을 보며 동물들의 속도를 비교한다.

- 가장 빠른 동물은 무엇일까요?
- 사람보다 느린 동물은 무엇일까요?
- 세 번째로 빠른 동물은 무엇일까요?
- 까마귀보다 빠르지만 제비보다 느린 동물은 무엇일까요?

**확장활동**

- 이와 같은 방법으로 가장 몸이 큰 동물, 가장 키가 큰 동물 등에 대해 이야기를 나눌 수 있다.

**집단형해**

대집단활동

**활동유형**

수학

**활동자료**

그림자료(각 동물의 그림 개체와 개체를 붙일 수 있는 바탕 그림) **T**IP 1

'가장 빠른 동물' 그림자료

**T**IP 1 자석을 사용하면 동물 자료를 움직이기 편리하다.

**T**IP 2 사전에 집에서 빨리 달리는(나는, 헤엄치는) 동물에 대해 알아 오도록 하면 유아들이 활동에 적극적으로 참여할 수 있고, 집에서 알아 온 자료를 활동자료로 이용할 수 있다.

# 활동 19 나라를 대표하는 동물

**집단형태**

대집단활동

**활동유형**

사회

**활동자료**

호랑이 사진, 다른 나라의 대표 동물을 표현한 장식품 혹은 사진(예: 중국의 물고기 연하장, 일본의 복고양이 장식품, 태국의 코끼리 장식품 등)

**TIP** 활동 전날, 다른 나라를 대표하는 동물에 대해 조사해 오거나 관련 자료를 가지고 오도록 한다.

**활동목표**

■ 우리나라를 대표하는 동물이 '호랑이' 임을 안다.

■ 다른 나라를 대표하는 동물에 대해 관심을 갖는다.

**활동방법**

○ 우리나라 사람들에게 특별한 동물에 대해 이야기를 나눈다.

■ 옛날부터 우리나라 사람들이 좋아했던 동물이 있어요. 무슨 동물일까요?

■ 사람들은 호랑이가 특별한 뜻을 가지고 있다고 생각했어요. 옛날 사람들은 호랑이를 어떤 동물이라고 생각했을까요?

　• 백호랑이가 나타나면 온 세상이 평화로워지고 모든 일이 잘된다고 생각하였다.

　• 힘이 세고 용감한 호랑이가 마을을 지켜 준다고 생각하였다.

　• 호랑이가 그려진 덮개로 가마를 덮으면 나쁜 것들이 오지 않는다고 생각하였다.

○ 다른 나라 사람들에게 특별한 동물에 대해 이야기를 나눈다. **TIP**

■ 우리나라 사람들이 호랑이를 좋아한 것처럼 다른 나라에도 사람들이 좋아하거나, 특별한 뜻을 가지고 있는 동물이 있어요. 어떤 동물인지 알아봅시다.

■ 어느 나라의 국기일까요?

■ 사진에 어떤 동물이 많이 있나요?

■ ○○나라 사람들은 어떤 동물을 좋아했을까요? □□를 어떤 동물이라고 생각했을까요?

　• 중국: 물고기가 부자로 만들어 준다고 생각하였다. 부자가 되고 싶은 마음을 담아 새해에 보내는 카드 겉장에 물고기를 그려 넣거나 집안 장식품에 물고기를 그렸다.

　• 일본: 고양이가 복을 가져다준다고 생각하였다. 가게 앞이나 집안 곳곳에 손을 들어 복을 부르고 있는 모습의 고양이 장식품을 두었다.

　• 태국: 코끼리 중에서도 흰 코끼리는 용기 있고, 믿을 수 있는 동물이라고 생각하였다. 왕의 힘을 나타내기 위해 왕실 마차를 끄는 일에 코끼리를 사용하였다. 코끼리가 머리가 좋고, 훈련하기가 쉬워서 힘든 일을 하거나 공연을 할 때 많이 이용하였다.

활동
**20** 사라진 동물들

**활동목표**

- 지구상에서 사라진 동물이 있음을 안다.
- 동물이 사라진 이유에 관심을 갖는다.
- 사람과 동물은 함께 살아가야 하는 관계임을 알고 동물을 소중히 생각하는 태도를 기른다.

**활동방법**

○ 지금은 볼 수 없는 동물에 대해 이야기를 나눈다. **T**IP

- 예전에 지구에 살고 있었으나 지금은 볼 수 없는 동물이 있어요. 이렇게 사라져서 더 이상 볼 수 없게 된 것을 '멸종'이라고 해요.
- 멸종해서 볼 수 없게 된 동물은 무엇일까요?
  - 공룡, 도도, 주머니늑대

① 공룡

- 이 그림은 무엇을 그린 그림인가요?
  - 공룡
- 공룡은 지금도 살고 있나요?
- 공룡은 왜 사라졌을까요?
  - 아직 정확한 이유가 밝혀지지는 않았다. 공룡을 연구하는 사람들은 지구가 다른 운석에 부딪혀 화산이 폭발하고 이때 먼지와 수증기가 하늘을 뒤덮어 지구가 추워져서 공룡이 사라졌다고 생각한다.

② 도도

- 사진 속 동물의 모습을 살펴봅시다. 어떻게 생겼나요?
  - 몸집이 아주 크다.
  - 부리가 툭 튀어나왔다.
- 이 동물은 '도도'라는 새예요.
- 도도는 왜 사라졌을까요?
  - 도도는 인도양의 모리셔스 섬에 살고 있었다.
  - 모리셔스 섬을 발견한 사람들이 섬에 들어가면서 도도를 잡아먹었다.
  - 사람들이 육지에서 키우다가 데리고 들어간 돼지나 원숭이가 도도의 알을 먹

**집단형태**
대집단활동

**활동유형**
이야기나누기

**활동자료**
사라진 동물들(예: 공룡, 도도, 주머니늑대, 분홍머리오리 등)의 사진이나 그림, 책

도도　　분홍머리오리

주머니늑대

'사라진 동물들' 그림자료

**T**IP 유아들의 흥미와 관심을 고려하여 사라진 동물의 종류를 추가할 수 있다. 유아들에게 집에서 사라져 가는 동물에 대해 조사해 오거나 관련자료를 수집해 오도록 하면 사라져 가는 동물을 소개하는 자료로 활용할 수 있다.

었다.

- 사람들이 섬에 들어간 지 100년쯤이 지나자 도도는 거의 보이지 않게 되었다.
- 지금으로부터 약 330년 전(1681년)에 마지막 도도가 죽고 말았다.

③ 주머니늑대

■ 사진 속 동물의 모습을 살펴 봅시다. 어떻게 생겼나요?

- 얼굴은 늑대를 닮았고, 등에는 호랑이처럼 줄무늬가 있다.
- 네 다리로 걷기도 하고 뒷발 두 개로 뛸 수도 있다.
- 몸에는 주머니가 달려서 캥거루처럼 주머니 속에서 새끼를 키운다.

■ 이 동물은 '주머니늑대'예요.

■ 주머니늑대는 왜 사라졌을까요?

- 주머니늑대가 살던 초원에 사람들이 집을 짓기 시작하면서 주머니늑대는 초원을 떠나야 했다.
- 주머니늑대들은 생긴 모습과 달리 사람들을 무서워해서 사람들이 잠든 밤에만 활동했으나 사람들이 주머니늑대의 먹이인 캥거루를 많이 잡아먹어 먹을 것이 없어지자 먹잇감을 찾으러 사람들이 사는 마을로 내려오게 되었다.
- 마을에서 주머니늑대를 본 사람들은 괴물이라고 생각하고 무조건 주머니늑대를 없애야 한다고 생각했다. 무조건 나쁘게만 생각하고 무서운 말들을 만들어 내면서 주머니늑대를 오해하기 시작하였다.
- 사람들은 보이는 대로 주머니늑대를 사냥했고, 약 70년 전(1936년)에 지구에서 사라졌다.

④ 분홍머리오리

■ 사진 속 동물의 모습을 살펴봅시다. 어떻게 생겼나요?

- 오리와 닮았으나 몸집이 크고 목이 길다.
- 몸체와 목 앞부분은 진한 갈색을 띠고, 뒷목과 머리 부분은 진한 분홍색을 띤다.

■ 이 동물의 이름은 무엇일까요?

- 분홍머리오리

■ 분홍머리오리는 왜 사라졌을까요?

- 분홍머리오리는 인도 근처에 있는 갠지스강 주변에서 살았다.
- 이곳은 물 속에서 사는 식물들로 가득 찬 땅이 많아 사람들이 들어가기 어려운 곳이었다.
- 그러나 19세기 말에 호랑이 사냥꾼들이 코끼리를 타고 이곳으로 들어가기 시작했고, 분홍머리오리의 모습을 본 사냥꾼들은 너무나 아름답다고 생각하고 분홍머리오리를 갖고 싶은 마음에 사냥을 하기 시작했다.
- 분홍머리오리는 사냥꾼들 때문에 점점 사라져서 1924년에 하나도 남지 않고 모두 사라졌다.

유아들이 사라진 동물에 대해
조사해 온 자료

○ 동물들이 사라진 이유에 대해 이야기를 나눈다.

- 왜 동물들이 지구에서 사라졌나요?

  • 사람들이 자신들이 살 곳을 마련하기 위해 숲을 없앴다.

  • 동물을 잡아서 먹었다.

  • 사람들에게 위험하다고 생각되는 동물을 무조건 없애려고 하였다.

  • 예쁜 깃털이나 가죽을 갖고 싶어서, 재미로 동물을 사냥하였다.

  • 기념품으로 만들어 갖기도 했다(박제).

  • 지구의 온도가 점점 높아지면서 지구 환경이 바뀌고 있다.

- 이미 사라진 동물은 이제는 직접 보지 못하고, 책에서만 볼 수 있어요. 더 이상 사라지는 동물이 없도록 동물들을 잘 돌봐 주도록 해요.

야생 동물

**관련활동**

- 이야기나누기 '공룡의 멸종' (135쪽 참고)
- 이야기나누기 '사라져 가는 동물들' (112쪽 참고)
- 사회 '동물보호 운동' (114쪽 참고)
- 동화 '동물보호' (116쪽 참고)

사라져 가는 동물들

**집단형태**

대집단활동

**활동유형**

이야기나누기

**활동자료**

사라져 가는 동물들(예: 반달 가슴곰, 시베리아 호랑이, 코알라)의 사진이나 그림, 책, 신문기사)

반달가슴곰　　시베리아 호랑이

코알라

'사라져 가는 동물들' 그림자료의 예

**활동목표**

- 사라져 가는 동물이 있음을 안다.
- 동물이 사라져 가는 이유를 안다.
- 사람과 동물은 함께 살아가야 하는 관계임을 알고 동물을 소중히 생각하는 태도를 기른다.

**활동방법**

○ 사라져 가고 있는 동물에 대한 신문 기사를 소개한다.
- 아직 완전히 사라진 것은 아니지만 수가 많이 줄면서 계속 사라져 가는 동물들이 있어요. 이런 동물에 대한 신문 기사를 함께 읽어 보도록 해요.
- 어떤 동물들이 사라지고 있나요?
  - 반달가슴곰, 수달, 호랑이 등
○ 사라져 가고 있는 동물에 대해 이야기를 나눈다.
- 점점 사라져 가고 있는 동물들에는 어떤 것들이 있는지, 왜 사라져 가는지 알아보도록 해요.
① 반달가슴곰
- 어떤 동물인가요? 어떻게 생겼나요?
  - 반달가슴곰
  - 몸통이 검은색이고, 가슴에 반달 모양의 흰 무늬가 있다.
- 반달가슴곰은 어디에서 살까요?
  - 깊은 산 속에 나무가 우거진 곳, 특히 도토리가 많은 참나무 숲에 사는 것을 좋아한다.
- 반달가슴곰은 왜 사라지고 있을까요?
  - 사람들이 필요한 것을 만든다고 숲의 나무를 마음대로 베어서 살 곳이 없어졌다.
  - 반달곰은 성격이 온순해서 먼저 공격당하기 전까지는 상대편을 공격하지 않는다. 그러나 사람들은 반달가슴곰이 사람들을 해칠 수 있다고 생각하고 사냥을 했다.
  - 곰이 사람 몸을 건강하게 해 주는 좋은 음식이 될 수 있다고 생각하고 잡아서 먹기도 했다.

② 시베리아 호랑이

■ 호랑이를 본 적이 있나요? 어디에서 보았나요?

• 동물원

■ 왜 호랑이를 동물원에서만 볼 수 있게 되었을까요?

• 호랑이 중에서 우리나라에 살았던 호랑이를 시베리아 호랑이라고 부른다.

• 시베리아 호랑이는 호랑이 중에서도 몸집이 가장 크고 이마에 왕(王)자가 뚜렷하며 털이 많다.

• 사람들은 호랑이를 무서워하면서도 동물의 왕인 호랑이의 가죽을 가지고 싶어 하며, 호랑이 가죽을 가지고 있는 것을 자랑스럽게 생각하면서 호랑이를 잡기 시작했다.

• 초원에 있는 나무를 베어내서 호랑이가 살 곳이 사라졌다.

• 호랑이 수가 점점 줄어들어서 지금은 동물원에서만 볼 수 있게 되었다.

③ 코알라

■ 사진 속 동물의 이름은 무엇인가요?

• 코알라

■ 코알라는 어디에서 살까요?

• 코알라는 호주의 유칼립투스 나무가 우거진 숲에서 살고 있다.

■ 코알라는 왜 사라지고 있을까요?

• 코알라의 먹이인 유칼립투스 나뭇잎은 기름이 많고 독해서 다른 동물은 먹기 힘들지만 코알라의 간은 유칼립투스에 있는 독을 없애 주어서 코알라가 잘 먹을 수 있다.

• 사람들이 나무를 베어서 유칼립투스 나무숲이 없어지면서 먹이가 없어진 코알라는 굶어 죽게 되었다.

○ 사라져 가는 동물을 위해 할 수 있는 일에 대해 이야기를 나눈다.

■ 사라져 가는 동물이 지구에서 완전히 사라지는 것을 막기 위해서 우리가 할 수 있는 일은 무엇일까요?

• 사라져 가는 동물이 있음을 주변에 알린다.

• 동물을 아끼고 사랑한다.

• 쓰레기를 함부로 버리지 않는다.

• 동물이 사는 숲을 보호하고 가꾼다.

**관련활동**

■ 이야기나누기 '사라진 동물들' (109쪽 참고)

■ 이야기나누기 '공룡의 멸종' (135쪽 참고)

■ 사회 '동물보호 운동' (114쪽 참고)

■ 동화 '동물보호' (116쪽 참고)

# 활동 22 동물보호 운동

**집단형태**

대집단활동

**활동유형**

사회

**활동자료**

동물보호 운동 관련 신문기사, 사진자료 등

**TIP 1** 동물학자이며 환경운동가인 제인구달 선생님이 이화유치원에 방문하여 유아들에게 환경보호 운동인 '뿌리와 새싹 운동'과 관련한 '침팬지 이야기'를 들려주셨다.

(2006년 11월 7일)

제인구달 선생님뿐만 아니라 여러 동물보호 운동가의 활동모습을 소개할 수 있다.

**활동목표**

■ 동물을 보호해야 하는 이유를 안다.

■ 사람과 동물은 함께 살아가야 하는 관계임을 알고 동물을 소중히 생각하는 태도를 갖는다.

■ 동물보호를 위해 할 수 있는 일을 알고 실천한다.

**활동방법**

○ 동물보호의 필요성에 대해 이야기한다.

■ 사라진 동물, 사라져 가는 동물에는 무엇이 있었나요?

■ 만약 이 세상에 있는 동물들이 모두 사라진다면 어떻게 될까요?

• 우유, 고기 등을 먹을 수 없다.

• 사람들의 생활이 불편해진다.

• 동물과 식물 사이에 있는 눈에 보이지 않는 질서(먹이사슬)가 깨져서 모두가 살기 힘들어진다.

○ 동물보호 운동가의 홈페이지, 관련 기사 등을 보면서 동물보호를 위해 노력하는 분들을 소개한다.

■ 동물을 사랑하는 마음을 가지고 동물을 보호하기 위해 노력하는 분들이 계세요. 어떤 일을 하시는지 알아봅시다.

**| 제인구달 선생님 | TIP 1**

• 제인구달 선생님은 아프리카에서 침팬지와 함께 생활하면서 침팬지에 대해 연구를 하셨다. 그런데 연구를 하다 보니 동물을 보호하기 위해서는 동물이 사는 자연이 깨끗해야 한다는 생각을 하셨다.

• 제인구달 선생님이 하시는 일을 '뿌리와 새싹' 운동이라고 한다. 사람들에게 우리의 작은 노력으로 동물과 지구를 살릴 수 있음을 알리는 것이다. 이 운동으로 세계 여러 나라에 사는 사람들은 동물, 환경, 함께 생활하는 주변 사람들에게 관심을 갖게 되었다. 그리고 학교에서, 사람들과의 모임에서 우리가 사는 세상을 더 살기 좋은 곳으로 만들기 위해 노력하고 있다.

○ 동물보호를 위해 우리가 할 수 있는 일에 대해 이야기를 나눈다.

■ 동물을 보호하기 위해 우리는 무엇을 할 수 있을까요?

- 쓰레기를 함부로 버리지 않기
- 나무 심고 가꾸기
- 사라져 가는 동물에 관심 가지기

■ 우리도 제인구달 선생님처럼 다른 사람들에게 동물을 사랑하고 보호하는 마음을 갖도록 이야기할 수 있어요. 어떤 방법으로 알릴 수 있을까요? **Ⓣ IP 2**
- 동물보호 관련 표어, 포스터 만들기
- 다른 반 친구, 동생들에게 사라져 가는 동물들이 있음을 이야기해 주고, 동물을 보호하는 방법 알려 주기 등

**확장활동**

■ 본 활동을 마친 후 유아들과 의논하여 동물보호에 관한 포스터, 홍보물, 재활용품을 이용한 동물모형을 제작하고 마당을 행진함으로써 동물보호 운동을 전개한다. 유아들이 동물보호 홍보물을 제작한 다음 동일 연령 학급, 타 연령 학급을 방문하여 동물보호의 필요성과 중요성을 알리는 방식으로 동물보호 운동을 실시할 수 있다.

**유의점**

■ 동물보호 운동을 마친 후에도 유아들이 생활 속에서 동물보호를 지속적으로 실시할 수 있도록 지도한다.

**관련활동**

■ 이야기나누기 '사라져 가는 동물들' (112쪽 참고)
■ 이야기나누기 '버려진 동물들' (34쪽 참고)

**야생 동물**

**Ⓣ IP 2** http://www.rootsandshoots.org/에서 제인구달 선생님을 중심으로 한 뿌리와 새싹 운동의 다양한 활동자료를 볼 수 있다. 유아들과 동물보호 운동의 방법을 의논하기 전에 함께 보면 유아들이 동물보호 운동에 대해 관심을 갖고 활동에 적극적으로 참여하는 데에 도움이 된다.

재활용품으로 표어 만들기

재활용품으로 동물모형 만들기

재활용품으로 만든 표어와 동물모형을 들고 행진하기

### 집단형태

대집단활동

### 활동유형

동화

### 활동자료

동화 '아기 침팬지 리키와 복슬개 헨리'(제인구달 지음. 알란 막스 그림. 김현정 옮김. 한솔수북), 8절 도화지, 연필, 지우개, 사인펜, 색연필

### 활동목표

■ 침팬지의 생김새와 생활방식에 대하여 안다.
■ 사람과 동물은 함께 살아가야 하는 관계임을 알고 동물을 소중히 생각하는 태도를 갖는다.

### 활동방법

○ 동화 '아기 침팬지 리키와 복슬개 헨리' 이야기를 들려준다.
○ 동화를 다 듣고 난 후, 동화의 내용을 유아들과 함께 회상한다.
   ■ 리키는 왜 엄마 침팬지와 헤어지게 되었을까요?
   ■ 엄마와 헤어져서 낯선 곳으로 가게 된 리키의 마음이 어땠을까요?
   ■ 리키는 헨리를 처음 보고 어떤 마음이 들었을까요?
   ■ 왜 리키와 헨리가 친하게 되었을까요?
   ■ 여러분이 가족과 떨어져서 낯선 사람이랑 살게 된다면 어떨까요?
○ 동물보호의 필요성에 대해 이야기를 나눈다.
   ■ 아프리카의 많은 나라에는 야생 침팬지가 살고 있는데, 사람들이 침팬지로 돈을 벌기 위해서 잡거나, 팔기도 해요.
   ■ 많은 침팬지들이 가족과 살지 못하고 낯선 곳으로 팔려가고, 떠돌아다니다가 죽기도 해요.
   ■ 이렇게 침팬지들이 괴롭힘을 당하면 결국 어떻게 될까요?
      • 침팬지들이 살기 힘들어진다.
      • 침팬지들 수가 점점 적어진다.
   ■ 이런 동물들을 우리가 도와주기 위해서는 어떤 일들을 할 수 있을까요?
○ 동화의 주인공들에게 편지를 써 본다.
   ■ 동화를 읽으면서 리키나 헨리에게 해 주고 싶은 말이 있었나요?
   ■ 어떤 말을 들려주고 싶은지 이야기해 봅시다.
   ■ 이제 종이를 한 장씩 나눠 줄 거예요. 헨리나 리키에게 하고 싶은 말을 편지로 써 보자. 사냥꾼이나 리키를 돌봐 주던 아저씨에게 편지를 써도 좋아요.
○ 다 쓴 편지들은 모아서 언어 영역에 게시한다.

리키에게 쓴 편지

### 관련활동

■ 이야기나누기 '동물보호 운동' (114쪽 참고)
■ 이야기나누기 '사라져 가는 동물들' (112쪽 참고)

# 4. 중생대 동물

## 활동 1 자연사 박물관 현장학습

**집단형태**

대집단활동

**활동유형**

사회

**활동자료**

자연사 박물관에서 발행한 책이나 팸플릿 **T**IP , 자연사 박물관 홈페이지 주소, 교사 사전답사 시 촬영한 사진, 컴퓨터, 빔프로젝터, 스크린

**T**IP 실내자유선택활동 시간에 자연사 박물관에서 발행한 소책자, 팸플릿 등을 언어 영역에 제시한다.

**활동목표**

- 자연사박물관에서 관람할 수 있는 것들에 대해 안다.
- 박물관의 시설을 바르게 이용하고 관람하는 태도를 갖는다.

**활동방법**

○ 자연사 박물관 현장학습에 대하여 이야기한다.

- 이번 주 ○요일에 자연사 박물관으로 현장학습을 갈 거예요.
- 자연은 무엇일까요? 자연에는 어떤 것들이 있을까요?
  - 우리 주변에 있는 것 중 사람이 만든 것이 아니라 하나님께서 만든 것이다.
  - 산, 바다, 강, 나무, 해, 달, 별, 동물, 곤충 등 자연에는 아주 많은 것들이 있다.
- 자연사 박물관이란 어떤 곳일까요?
  - 자연의 모든 것을 한 곳에 모아 놓거나, 비슷하게 만들어 사람들이 관람할 수 있도록 한 곳이다.

○ 자연사 박물관에서 볼 수 있는 것들에 대해 사진을 보며 이야기를 나눈다.

- 자연사 박물관에 왜 현장학습을 갈까요?
  - 박물관에 전시된 것들을 보려고 간다.
  - 이번에는 특히 동물들을 자세히 살펴보려고 간다.
- 자연사 박물관에서 어떤 것들을 볼 수 있을까요?
  - 여러 가지 동물과 식물
  - 자연사 박물관에 있는 동물이나 식물은 살아 있는 것이 아니라 죽은 동물, 식물을 썩지 않도록 약을 넣어 잘 보존한 것들이다.

○ 자연사 박물관에서 지켜야 할 약속에 대해 이야기를 나눈다.

- 자연사 박물관에서 우리 모두가 전시물을 잘 살펴보기 위해 지켜야 할 약속에는 어떤 것들이 있을까요?
  - 작은 소리로 말한다.
  - 전시물을 손으로 만지지 않는다.
  - 유리창을 손으로 만지지 않는다.
  - 줄을 서서 차례대로 관람한다.

○ 사전 답사를 통해 계획한 일정대로 현장학습을 진행한다.

**유의점**

- 현장학습 약 일주일 전에 교사들이 사전 답사를 하여, 유아들이 관람할 영역, 동선, 이동 및 관람 시간 등을 의논한다. 또한 자연사 박물관 측과 사전 연락하여 현장학습 일정을 협의하도록 한다.
- 1회의 현장학습으로 자연사 박물관에 전시물들을 모두 살펴보기 어려우므로 유아의 흥미나 진행 중인 생활주제에 따라 연중 2~3회에 걸쳐 현장학습을 다녀온다.

**관련활동**

- 사회 '자연사 박물관에서 본 것 소개하기' (120쪽 참고)
- 조형 영역 '자연사 박물관에 필요한 것 만들기' (122쪽 참고)
- 언어 영역 '자연사 박물관 도록 만들기' (126쪽 참고)
- 쌓기 놀이 영역 '자연사 박물관 놀이' (124쪽 참고)

# 자연사 박물관에서 본 것 소개하기

**집단형태**
대집단활동

**활동유형**
사회

**활동자료**
유아들이 자연사 박물관에서 본 것을 그린 그림

**활동목표**

- 자연사 박물관에서 본 것을 회상한다.
- 다른 사람들에게 자신의 생각을 효과적으로 이야기하는 방법을 익힌다.

**활동방법**

○ 자연사 박물관을 다녀온 후, 기억에 남는 전시물에 대하여 이야기를 나눈다.

- 무엇을 보았나요?
- 어떤 생각을 했나요? 어떤 느낌이 들었나요?

○ 자연사 박물관에서 본 것을 그림으로 그리거나 입체작품으로 만든다.

○ 모둠별로 모여앉아 자연사 박물관 현장학습을 통해 알게 된 점을 이야기 나누고 기록한다.

○ 자연사 박물관을 조형 작업으로 만든 후 작품과 기록을 어떻게 전시할지 의논한다.

- 우리가 만든 것들을 어디에 전시하면 좋을까요?
  - 모든 사람들이 다 잘 볼 수 있도록 복도 게시판에 붙인다.
  - 박물관을 다녀오지 않은 동생들에게 우리가 본 것들을 설명해 준다.

○ 박물관에서 본 것들의 소개방법을 의논한다.

- 누가(어떤 모둠이) 어떤 동물을 소개해 줄지 역할을 정할 거예요.
- 동생들에게 박물관에서 본 것들을 어떻게 소개해 줄 수 있을까요?
  - 동물을 소개할 때 수수께끼를 내거나 동물의 울음소리, 몸짓을 흉내내어 동생들이 동물을 알아맞히게 한다.
  - 이야기를 할 때에는 큰 목소리로 또박또박 천천히 말한다.
  - 그림을 손으로 짚을 때에 그림이 안 보일 수 있으므로 긴 막대로 짚어가며 이야기한다.

○ 동생들을 작품이 전시된 곳으로 초대한다.

- 어떤 방법으로 동생들을 초대할까요?
  - 반으로 찾아가 동생들이나 선생님께 말씀드린다.
  - 초대장을 만들어 전해 준다.

○ 동생들에게 각자 맡은 동물에 대해 소개해 준다. **T**IP

- 우리가 동생들을 왜 초대했나요?

**T**IP 동생들에게 박물관에서 본 것들을 소개해 줄 때, 동생들이 바닥이나 의자에 앉을 수 있도록 미리 자리를 마련해 둔다.

- 자연사 박물관에서 본 동물들에 대해서 소개해 주기 위해서 초대했다.
- 각자 맡은 동물에 대해 동생들에게 이야기해 봅시다.
- 형들이 설명한 동물에 대해 궁금한 것이 있나요? 누가 대답해 줄 수 있을까요?

○ 소개를 마친 후 소감을 이야기하며 설명할 때의 태도와 목소리 등을 평가한다.

- 설명하는 사람의 이야기가 잘 들렸나요? 어떻게 하면 동생들이 설명을 더 잘 들을 수 있을까요?
- 다음에 초대한 반 어린이들에게는 누가(어떤 모둠이) 설명을 해볼까요?

### 유의점

- 자연사 박물관에 가보지 않은 동생이나 친구들에게 박물관에서 본 것을 소개할 때, 되도록 많은 유아들이 설명할 수 있도록 한다. 예를 들어, 소개해 줄 학급이 여러 개인 경우 학급마다 설명하는 유아의 역할을 바꾸어 정한다. 한 학급 유아들을 약 10명 정도로 분반하여 초대하면 유아들이 동생이나 친구들에게 설명해 주기도 용이하고, 많은 유아들이 설명하는 기회를 가질 수 있다.

### 관련활동

- 사회 '자연사 박물관 현장학습' (118쪽 참고)
- 조형 영역 '자연사 박물관에 필요한 것 만들기' (122쪽 참고)
- 언어 영역 '자연사 박물관 도록 만들기' (126쪽 참고)
- 쌓기 놀이 영역 '자연사 박물관 놀이' (124쪽 참고)

## 활 동 3 자연사 박물관에 필요한 것 만들기

**집단형태**
자유선택활동

**활동유형**
조형 영역

**활동자료**
8절 도화지, 조각종이, 크레파스, 사인펜, 색연필, 연필, 동물 사진(인터넷으로 유아들과 함께 검색하여 찾거나 책에서 복사한 것)

**활동목표**
- 자연사 박물관의 역할을 안다.
- 자연사 박물관 놀이에 필요한 것을 알고 만든다.

**활동방법**

○ 자연사 박물관 놀이를 위해 필요한 것이 무엇인지 이야기를 나눈다.
- 자연사 박물관에서 무엇을 보았나요?
- 자연사 박물관 놀이를 하기 위해서 어떤 것들을 준비해야 할까요?
- 우리가 만들어야 하는 것이 있다면 이야기해 봅시다.
  - 박물관에 전시할 동물을 그림으로 그린다.
  - 동물을 소개하는 이름표를 만들어 붙인다.
  - 박물관 간판을 만들어 박물관 입구에 세운다.
  - 전시를 소개하는 포스터를 만들어 유치원 복도에 붙인다.

○ 모둠을 나누어 자연사 박물관에 필요한 것들을 만든다.

| 동물 그림 |
- 박물관에 어떤 동물을 전시하기로 했나요? 어떤 동물 그림이 필요한가요?
- ○○의 사진을 보고 그림을 그려 봅시다.
- 다 그린 그림을 가위로 자르고 지지대를 붙여 세워 봅시다. **T**IP

| 박물관 간판 |
- 박물관 이름을 무엇으로 할까요?
- 어떤 방법으로 간판을 만들까요?
  - 두꺼운 종이에 크레파스로 그림을 그린다.
  - 한 글자씩 역할을 맡아서 자유롭게 만든 후 합친다.

| 포스터 |
- 다른 반 친구들이나 동생들에게 우리 교실의 박물관을 어떻게 알릴 수 있을까요?
- 박물관에서 하는 전시회를 알리기 위해 만든 포스터를 살펴봅시다. 포스터에 무엇이 적혀 있나요?
  - 전시회 이름

**T**IP '세우는 동물' 활동방법을 활용한다.

- 전시된 물건(동물)의 종류
- 전시 장소
- 박물관 개장/ 폐장 시간

■ 우리도 ○○자연사 박물관의 포스터를 만들어 봅시다.

관련활동

■ 쌓기 놀이 영역 '자연사 박물관 놀이' (124쪽 참고)

중생대 동물

유아들이 완성한 포스터

## 활동 4 자연사 박물관 놀이

**집단형태**

자유선택활동

**활동유형**

쌓기 놀이 영역

**활동자료**

동물의 모형, 동물 그림이나 사진자료, 블록, 박물관 입구에 세울 간판

**활동목표**

- 박물관의 구조를 알고 블록으로 구성한다.
- 다른 사람과 협력하는 태도를 기른다.

**활동방법**

○ 자연사 박물관을 다녀온 경험을 회상하며 놀이를 제안한다.

- 자연사 박물관에서 무엇을 보았나요?
- 우리도 어제 가 보았던 자연사 박물관처럼 교실을 꾸며 보면 어떨까요?

○ 박물관 건물을 만들기 위한 계획을 세운다.

- 공간이 얼마나 필요할까요?
  - 쌓기 놀이 영역 전체 혹은 일부
  - 쌓기 놀이 영역과 역할 놀이 영역을 합친 공간
  - 교실 전체
- 박물관을 어떻게 만들까요?
  - 박물관의 외부를 종이벽돌블록으로 구성한다.
  - 박물관 안에 전시대를 만들거나 책상을 전시대로 활용한다.
  - 동물을 종류별로 전시할 수 있도록 영역을 나누어 블록으로 구성하거나 색 테이프로 표시한다.
- 입구(출구)를 어디로 하면 좋을까요?

○ 박물관을 꾸미기 위한 계획을 세운다.

- 무엇을 전시할까요?
  - 동물들의 모형을 전시한다.
  - 자연사 박물관에서 본 것을 그림으로 그려서 전시한다.
- 어떤 동물을 전시할까요?
- 전시대는 어디에 두면 좋을까요? **T**IP
- 우리가 다녀 온 자연사 박물관에는 어떻게 전시가 되어 있었나요?
  - 종류별로 전시되어 있었다.
- 우리는 어떻게 전시하면 좋을까요?
  - 우리가 전시하려는 동물들 중 비슷한 특징을 가진 동물들을 모아 한 전시대

**T**IP 교실 내 박물관의 위치, 전시대와 전시물 배치에 대해 이야기 나눈 결과를 게시판에 기록하여 유아들이 자연사 박물관을 만들 때 참고하도록 한다.

에 전시한다.

○ 역할을 나누어 모둠을 정한다.

- 박물관 건물과 전시대를 만들 모둠
- 동물모형 및 그림, 사진을 준비하고 전시할 모둠
- 동물 이름표 및 안내판을 쓸 모둠
- 박물관 간판을 만들어 입구에 세울 모둠

○ 박물관을 만든다.

**관련활동**

- 조형 영역 '자연사 박물관에 필요한 것 만들기' (122쪽 참고)
- 언어 영역 '자연사 박물관 도록 만들기' (126쪽 참고)
- 사회 '자연사 박물관 현장학습' (118쪽 참고)
- 사회 '자연사 박물관에서 본 것 소개하기' (120쪽 참고)

**중생대 동물**

자연사 박물관 만들기

# 자연사 박물관 도록 만들기

집단형태

자유선택활동

활동유형

언어 영역

활동자료

박물관 전시 도록, 백과사전 및 관련 책자, 카메라, 종이 (A4 혹은 B4 크기), 연필, 색연필, 가위, 풀

자연사 박물관 도록 만들기

자연사 박물관 도록

활동목표

■ 자연사 박물관 놀이에 필요한 것을 알고 만든다.
■ 박물관 도록의 뜻과 역할을 안다.

활동방법

○ 자연사 박물관 놀이를 하면서 박물관에 있는 전시물들을 기록한 도록에 대해 이야기한다.
  ■ 이것은 무엇일까요?
  ■ 종이에 어떤 그림이 있나요?
  ■ 이런 종이를 본 적 있나요? 어디서 봤나요?
  ■ 이것을 '도록' 이라고 해요. 도록이란 박물관이나 미술관에 전시되어 있는 것들의 그림이나 사진, 설명이 담긴 책자를 말해요.
  ■ 박물관이나 미술관에서 작품을 감상할 때 전시 도록을 보면 작품을 더 잘 알 수 있어요.
○ 도록의 내용을 자세히 살펴본다.
  ■ 선생님이 가져온 도록에는 어떤 물건의 사진과 설명이 있는지 살펴봅시다.
○ 자연사 박물관의 도록을 만들 준비를 한다.
  ■ 우리도 쌓기 놀이 영역에 있는 자연사 박물관의 도록을 만들어 봐요.
  ■ 도록을 만들기 위해 어떤 것들이 필요할까요?
    • 전시품을 찍을 수 있는 카메라, 필기류, 전시품에 대한 설명이 있는 책자 및 관련 자료들, 글을 적을 수 있는 종이
○ 도록을 만든다.
○ 도록을 가지고 놀이한다.
○ 완성된 자연사 박물관 도록은 쌓기 놀이 영역 한 편에 낮은 책꽂이를 마련하여 자연사 박물관과 관련된 책자 및 화보와 함께 내어 준다.

관련활동

■ 쌓기 놀이 영역 '자연사 박물관 놀이'(124쪽 참고)
■ 조형 영역 '자연사 박물관에 필요한 것 만들기'(122쪽 참고)
■ 사회 '자연사 박물관 현장학습'(118쪽 참고)
■ 사회 '자연사 박물관에서 본 것 소개하기'(120쪽 참고)

## 활동 6 공룡 화석 만들기

### 활동목표

- 지구상에서 사라진 동물이 있음을 안다.
- 공룡의 종류에 관심을 갖는다.
- 화석에 관심을 갖는다.

### 활동방법

○ 여러 종류의 공룡 이름과 생김새, 특징에 대하여 알아본다.

○ 화석에 대하여 이야기한다.

- 화석은 무엇일까요?
  - 아주 오랜 옛날에 살던 동·식물들의 모습이 돌이나 땅의 표면에 남아 있는 것을 말한다.

○ 공룡 모형을 이용하여 화석을 만든다.

- 우리도 공룡 모형을 이용하여 화석을 만들어 봅시다.
  - 고령토(점토)를 반죽하여 평평하게 민다.
  - 공룡의 발, 몸통, 머리 등 원하는 부위를 고령토에 대고 누른다.
  - 이쑤시개나 나무꼬치를 이용하여 고령토 위에 만든 사람의 이름과 공룡의 이름을 적는다.
  - 서늘한 그늘에 말린다.

○ 유아들이 만든 화석을 공룡 모형과 함께 전시하고 비교해 본다.

- 어떤 공룡의 화석인가요?
- 공룡의 어느 부분을 화석으로 만들었나요?
- 스테고사우르스의 발자국은 티라노사우르스의 발자국과 어떤 점이 다른가요?

### 관련활동

- 율동 '공룡' (136쪽 참고)
- 실외 영역 '화석 찾기 놀이' (128쪽 참고)
- 역할 놀이 영역 '고생물학자 놀이' (130쪽 참고)

### 집단형태
자유선택활동

### 활동유형
조형 영역

### 활동자료
여러 가지 종류의 공룡 모형, 고령토, 점토판, 이쑤시개 또는 나무 꼬치

고령토에 공룡 발자국 찍기

완성 작품

## 활동 7 화석 찾기 놀이

**집단형태**

자유선택활동

**활동유형**

실외 영역

**활동자료**

유아들이 만든 공룡 화석 🅣IP 1, 삽, 공룡 화석을 담은 바구니

유아들이 만든 공룡 화석

---

🅣IP 1  조형 활동에서 유아들이 만든 공룡 화석을 사용한다.

🅣IP 2  첫 번째 편 어린이들이 화석을 숨기는 동안 두 번째 편 어린이들은 다른 영역에서 놀이하며 기다린다.

🅣IP 3  유아들이 화석을 쉽게 찾을 수 있도록 모래 놀이터의 제한된 영역에 화석을 숨기게 하거나 숨긴 곳을 표시할 지도를 활용하게 한다.

**활동목표**

- 옛날에는 존재했지만 지금은 사라진 동물이 있었음을 안다.
- 공룡의 종류에 관심을 갖는다.
- 고생물학자의 역할을 안다.

**활동방법**

○ 계획하기 시간에 유아들에게 화석 찾기 놀이를 할 것임을 소개한다.

- 화석은 어디에서 발견할 수 있나요?
  - 화석은 대부분 땅 속에 묻혀 있다.
- 땅에 묻혀 있던 화석은 누가 찾았을까요?
  - 건물을 짓기 위해 땅을 파다가 우연히 발견했다.
  - 화석을 찾고 공부하는 학자들이 있다.
- 화석을 공부해서 옛날에 살았던 동물과 식물에 대해 알아내는 사람을 고고학자, 고생물학자라고 해요.
- 오늘은 마당 놀이 시간에 우리가 고생물학자가 되어서 화석을 찾는 놀이를 할 거예요.

○ 놀이의 방법을 이야기한다.

- 어떤 방법으로 놀이를 할 수 있을까요?
  - 우리가 만든 화석을 땅 속에 잘 묻은 후에 숨긴 화석을 찾는다.
- 먼저 화석을 숨길 사람과 고고학자가 되어 화석을 찾을 사람으로 편을 나눌 거예요. 첫 번째 편 어린이들이 공룡 화석을 모래 속에 숨기면 두 번째 편 어린이들이 공룡 화석을 찾을 거예요. 공룡 화석을 찾은 사람들은 선생님에게 가지고 오세요. 🅣IP 2
- 역할을 바꾸어서도 해 볼 거예요.

○ 마당 놀이 시간에 '화석 찾기 놀이'를 한다.

- 먼저 화석을 숨길 사람들은 모이세요. 선생님과 함께 모래 놀이터 곳곳에 화석을 숨기도록 해요. 고고학자가 되어 화석을 찾을 어린이들은 다른 놀이 영역에서 놀이를 하며 기다리세요. 화석을 다 숨긴 후 선생님이 신호를 할 거예요. 🅣IP 3
- 화석을 숨길 때(찾을 때) 무엇을 사용하면 좋을까요?

・ 모래를 팔 삽

■ (화석을 다 숨긴 후 화석을 찾는 편 어린이들에게 신호를 하고 화석을 찾도록
한 후) 공룡의 화석을 찾았나요? 어디에서 찾았나요?

・ 모래 놀이터 흙 속에서 찾았다.

○ 찾은 화석은 교실 안 역할 놀이 영역의 고생물학자 놀이에 활용한다.

■ 찾은 화석을 방 안의 ○○연구실(자연사 박물관)로 가져가서 모래를 잘 털어내
고 어떤 화석인지 알아봅시다.

■ 한 명의 유아가 찾는 화석의 개수를 제한하여 모든 유아가 한 개 이상의 화석을
찾을 수 있도록 한다.

**관련활동**

■ 조형 영역 '공룡 화석 만들기' (127쪽 참고)

■ 역할 놀이 영역 '고생물학자 놀이' (130쪽 참고)

■ 이야기나누기 '우리가 좋아하는 동물 − 공룡' (134쪽 참고)

■ 이야기나누기 '공룡의 멸종' (135쪽 참고)

**중생대 동물**

공룡 화석 숨기기

공룡 화석 찾기

# 고생물학자 놀이

**집단형태**

자유선택활동

**활동유형**

역할 놀이 영역

**활동자료**

화석, 화석에 있는 먼지를 털어낼 솔, 옛날에 살았던 생물에 대한 화보, 고생물 학자가 연구하는 모습 화보, 돋보기, 필기류, 종이, 가운

**TIP 1** 본 활동을 실시하기 전 실외자유선택활동 시간에 화석 찾기 놀이를 실시한다. 이때 고생물학자 놀이를 하기 위해 모래밭에 화석을 묻어 둔다.

고생물학자 놀이 계획하기

고생물학자 놀이 환경 구성의 예

**활동목표**

■ 옛날에는 존재했으나 지금은 사라진 동물이 있었음을 안다.

■ 고생물학자의 역할에 대해 안다.

**활동방법**

○ 유아들이 공룡에 대해 관심을 가지면 공룡을 연구하는 사람인 고생물학자에 대해 소개한다.

■ 공룡은 지금 살고 있는 동물인가요?

■ 공룡처럼 지금은 살고 있지 않지만 예전에 살았던 동물에 대해 연구하는 사람이 있어요.

• 고생물학자

■ 고생물학자는 지구에 남아 있는 화석을 찾아서 옛날 생물들이 어떻게 살아왔는지 연구하는 사람들이에요.

○ 고생물학자 놀이를 제안하고 놀이를 계획한다.

■ 우리가 고생물학자가 되어서 놀이해 봅시다.

■ 어떻게 놀이할 수 있을까요?

• 화석 찾기 놀이에서 마당 모래밭에 묻은 화석을 찾아와 손질한다. **TIP 1**

• 어떤 동물의 화석인지 연구한다.

• 화석을 전시하고 관람한다.

■ 고생물학자 놀이를 하기 위해서 어떤 것들이 필요할까요?

• 화석 모형, 화석에 있는 모래를 털어낼 솔, 돋보기, 책상, 연필이나 사인펜, 종이, 가운 등

■ 고생물학자 놀이를 위해서 역할 놀이 영역을 어떻게 바꿀 수 있을까요?

• 화석을 보면서 연구할 수 있도록 역할 놀이 영역 가운데에 있는 낮은 책상을 치우고 높은 책상과 의자를 놓는다.

• 돋보기, 솔, 책 등을 두어 화석 표면의 모래나 흙덩이를 털어내고 어떤 화석인지 연구한다.

• 역할 놀이 영역 벽 쪽에 화석을 전시할 수 있는 전시대를 마련한다.

○ 고생물학자 놀이를 한다. TIP 2

○ 놀이를 마치고 놀이 평가를 한다.

■ 놀이를 하기 위해 어떤 역할이 필요하였나요?

• 화석을 발견하는 사람

• 화석을 손질하는 사람

• 화석을 관찰하고 어떤 동물의 화석인지 찾는 사람 등

■ 놀이할 때 사용한 물건이 불편하지 않았나요? 더 필요한 물건이 있나요?

• 놀이를 할 때 누가 어떤 역할을 맡았는지 정확하게 알 수 있으면 좋겠다. 각 역할대로 이름표를 달면 좋겠다.

• 좀 더 많은 화석을 준비해서 많은 사람들이 놀이할 수 있으면 좋겠다.

• 옛날에 살았던 생물이나 화석에 대해 좀 더 알아볼 수 있는 책이 있으면 좋겠다.

○ 평가한 내용을 바탕으로 필요한 것들을 준비하여 놀이를 한다.

관련활동

■ 조형 영역 '공룡 화석 만들기' (127쪽 참고)

■ 실외 영역 '화석 찾기 놀이' (128쪽 참고)

■ 수학 · 조작 영역 '공룡과 뼈 짝짓기' (132쪽 참고)

■ 이야기나누기 '우리가 좋아하는 동물 – 공룡' (134쪽 참고)

■ 이야기나누기 '공룡의 멸종' (135쪽 참고)

중생대 동물

TIP 2 놀이를 시작하기 전에 공룡이나 화석에 관련한 동화, 이야기나누기 등의 대집단활동을 실시하고 교실의 과학 영역에 관련 자료들을 내주어 유아들이 관련 지식을 학습하고 놀이에 대한 흥미를 지속시킬 수 있도록 한다.

화석 살펴보기

# 공룡과 뼈 짝짓기

**집단형태**

자유선택활동

**활동유형**

수학 · 조작 영역

**활동자료**

화석과 동물의 사진이 있는 그림판 **T**ip , 보드마커펜, 지우개

'공룡과 뼈 짝짓기' 활동자료

**T**ip 각 사진마다 벨크로 테이프를 붙여 유아들이 그림판을 다양하게 조합할 수 있도록 한다. 같은 쌍의 사진 뒷면에는 같은 색의 배지를 대고 해당하는 공룡의 이름을 적는다.

**활동목표**

- 공룡의 종류에 관심을 갖는다.
- 공룡과 공룡의 뼈를 일대일대응시킨다.

**활동방법**

○ 수학 · 조작 영역에 준비된 조작교구를 살펴본다.

- (공룡 사진을 보며) 이 사진에 무엇이 있나요?
- 이 공룡의 이름을 알고 있나요? 카드를 뒤집어 보면 뒷면에 공룡의 이름이 있어요.
- (공룡 뼈 사진을 보면서) 이 사진에는 무엇이 있나요?
  - 공룡의 뼈 사진이 있다.
- 어떤 공룡의 뼈일까요? 카드를 뒤집어 보면 뒷면에 공룡의 그림이 그려져 있어요.

○ 활동 방법을 알아본다.

- 사진을 펼쳐서 여러 가지 공룡의 뼈 사진을 한쪽 편에 붙이세요. 나머지 공룡들의 사진들은 반대편에 붙이세요.
- 공룡의 뼈 사진을 보고 맞는 공룡을 찾아 선을 그어 연결해 보세요.
- 공룡과 공룡 뼈 사진을 뒤집어서 뒷면의 이름을 보면 같은 공룡끼리 연결했는지 확인할 수 있어요. 글씨를 읽기 어려운 사람들은 자신이 연결한 공룡 사진과 공룡 뼈 사진의 테두리 색이 같은지 확인하면 돼요.
- 모두 연결한 다음에는 다음 사람을 위해서 연결한 선을 지우개로 깨끗하게 지우세요. 그리고 공룡과 공룡뼈 사진도 모두 떼어서 바구니에 정리하세요.

**관련활동**

- 이야기나누기 '우리가 좋아하는 동물 − 공룡' (134쪽 참고)
- 역할 놀이 영역 '고생물학자 놀이' (130쪽 참고)

## 활동 10 공룡 책

**집단형태**
대집단활동

**활동유형**
동화

**활동자료**
파워포인트 동화 '옛날에 공룡들이 있었어'(바이런 바튼 지음·그림. 최리을 옮김. 비룡소)

**활동목표**

- 옛날에는 존재했으나 지금은 사라진 동물이 있었음을 안다.
- 공룡의 특징(예: 이름, 생김새, 서식지, 먹이 등)에 대해 안다.

**활동방법**

○ 원작 그림책을 바탕으로 만든 파워포인트 동화를 감상한다.
- 뿔 난 공룡의 이름은 무엇일까요?
- 가시 돋친 공룡의 이름은 무엇일까요? 왜 가시가 있을까요?
- 가장 큰 공룡과 가장 작은 공룡의 이름은 무엇일까요?

○ 동화를 다 보고 난 후, 동화 속에 나왔던 공룡 관련 자료를 수집한다.
- 동화에 나온 공룡들 중에 더 조사하고 싶은 공룡이 있나요? 어떻게 조사할까요?
  • 동화의 그림 속에 나왔던 공룡의 모습을 자세하게 묘사한 그림 또는 영상을 컴퓨터로 찾아본다.
  • 컴퓨터로 찾은 자료를 프린터기로 출력한다.
  • 유치원 도서실에서 공룡 관련 책이나 사전을 찾는다.
  • 집에 있는 공룡 책을 가져온다.

○ ○○○반 어린이들의 공룡 책을 만들어 본다.
- 종이에 각 공룡의 사진을 붙이고 그 공룡에 대해 알게 된 점을 글로 써 봅시다.
  • 공룡의 이름
  • 공룡의 생김새
  • 공룡이 살던 곳
  • 공룡이 좋아하던 먹이 등
- 선생님이 여러 장을 모아서 책처럼 묶어 볼게요.

○ 학급에 비치하고 함께 감상한다.

**관련활동**

- 이야기나누기 '우리가 좋아하는 동물 – 공룡'(134쪽 참고)
- 율동 '공룡'(136쪽 참고)

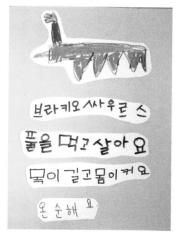

공룡 책

## 활동 11
# 우리가 좋아하는 동물 - 공룡

**집단형태**
대집단활동

**활동유형**
이야기나누기

**활동자료**
다양한 종류의 공룡 그림책, 공룡에 대한 정보가 수록된 책 **TIP 1** 이나 화보, 유아들이 공룡에 대해 조사해 온 자료

**TIP 1** '어린이 공룡백과' (송영수. 삼성출판사)나 '한반도의 공룡' (EBS 한반도의 공룡 제작팀. 킨더주니어)과 같은 공룡과 관련된 책을 자료로 활용한다.

**TIP 2** 유아들이 조사해 온 자료를 시대별, 종류별로 분류하여 벽면에 게시하면 유아들이 다양한 공룡의 특성에 관심을 갖는 데 도움이 된다.

좋아하는 공룡에 대해 조사한 자료

**활동목표**
- 옛날에는 존재했으나 지금은 사라진 동물이 있었음을 안다.
- 공룡의 특징(예: 이름, 생김새, 서식지, 먹이 등)에 대해 안다.

**활동방법**
○ 활동을 전개하기 전에 유아들이 자신이 좋아하는 공룡에 대해 조사해 오도록 이야기한다.
- ○ 요일에는 내가 좋아하는 공룡에 대해 친구들에게 소개할 거예요. 공룡에 대해 무엇을 소개할 수 있을지 생각해 봅시다.
  - 살았던 시기, 생김새(예: 팔, 다리, 얼굴, 꼬리 모양 등), 먹이, 크기, 좋아하는 이유 등
○ 활동 당일에 집에서 조사해 온 자료를 가지고 모여 이야기를 나눈다.
- 다른 친구들에게 내가 좋아하는 공룡에 대해 소개하고, 좋아하는 이유를 말해 봅시다.
- 친구의 이야기를 들을 때 지켜야 할 약속은 무엇일까요?
  - 친구가 이야기하는 중에 하고 싶은 이야기가 있어도 참고 기다린다.
  - 친구의 이야기를 잘 듣는다.
- ○○는 좋아하는 공룡의 이름은 무엇인가요? 왜 좋아하나요?
- ○○공룡은 어떻게 생겼나요? 무엇을 먹나요? 언제 살았던 공룡인가요?
- ○○공룡에 대해 궁금한 것이 있으면 물어봅시다.
- ○○공룡을 또 좋아하는 사람이 있나요? 더 소개하고 싶은 것이 있나요?
○ 활동을 마친 후 유아들이 조사한 자료를 벽면에 게시한다. **TIP 2**

**관련활동**
- 이야기나누기 '공룡의 멸종' (135쪽 참고)
- 율동 '공룡' (136쪽 참고)
- 동화 '공룡 책' (133쪽 참고)

## 활동목표

- 옛날에는 존재했으나 지금은 사라진 동물이 있었음을 안다.
- 공룡이 사라진 이유에 관심을 갖는다.

## 활동방법

○ 활동 전날 유아들에게 공룡이 사라진 이유에 대해 알아오도록 한다.
○ 공룡이 지구에서 사라진 이유에 대해 이야기를 나눈다.

- 공룡이 지구에서 왜 사라진 것일까요?
- 공룡이 사라진 이유에 대해서는 여러 가지 서로 다른 생각들이 있어요. 그중에서 가장 많은 사람들이 맞는 것으로 생각하는 이유에 대해 알아봅시다.
  - 아주 커다란 운석이 매우 빠른 속도로 지구에 떨어졌다.
  - 그 충격 때문에 땅이 갈라지고 화산이 폭발하였다.
  - 화산 폭발로 땅 속에서는 마그마가 쏟아져 나오고 바다의 높은 파도가 육지를 덮쳤다.
  - 하늘을 뒤덮은 먼지와 수증기는 오랫동안 햇빛을 막고 산성비를 내리게 했다. 햇빛을 받지 못해 지구의 온도가 아주 많이 내려가면서 지구 환경이 매우 크게 변하였다.
- 지구의 온도가 너무 많이 내려가 추워져 어떤 일이 생겼을까요?
  - 햇빛이 없어지자 식물들이 죽기 시작했다.
  - 식물을 먹는 초식공룡이 죽게 되고 초식공룡을 먹는 육식공룡도 죽게 되었다.
  - 이렇게 해서 공룡들이 모두 사라지게 되었다.
- 그러나 아직도 공룡이 사라진 정확한 이유를 알지 못해서 궁금해 하며 계속 연구를 하고 있어요.
○ 유아들이 조사해 온 자료를 벽면에 게시한다.

## 유의점

- 공룡이 멸종한 이유에 대해서는 여러 가지 가설이 있으며, 창조론과 진화론의 입장이 다르므로 다양한 의견을 수용하도록 한다. 또한 본 활동에서 소개하는 운석 충돌에 의한 멸종은 여러 학설 중 하나이며, 정확한 이유는 아직 밝혀지지 않았음을 알려 준다.

## 관련활동

- 이야기나누기 '우리가 좋아하는 동물 — 공룡' (134쪽 참고)
- 동화 '공룡 책' (133쪽 참고)

---

**집단형태**
대집단활동

**활동유형**
이야기나누기

**활동자료**
공룡의 멸종에 관한 여러 학설이 수록된 책 **T**IP, 유아들이 조사해 온 자료

**T**IP '멸종 동물 얘기 좀 들어볼래'(이소영·서혜경. 토토북)와 같은 공룡의 멸종과 관련된 책을 자료로 활용한다.

**집단형태**

대집단활동

**활동유형**

율동

**활동자료**

공룡의 모습을 표현한 그림,
공룡의 움직임을 표현한 영
상물

**활동목표**

- 공룡의 생김새와 움직임을 탐색한다.
- 공룡의 생김새와 움직임을 창의적인 동작으로 표현한다.

**활동방법**

○ 공룡 사진이나 영상물을 보며 공룡의 모습을 탐색한다.
- 이 공룡은 무슨 공룡일까요?
  - 이 공룡의 이름은 ○○이에요.
- 공룡이 무엇을 하고 있는 것 같나요?
  - 먹이를 찾아다니는 것 같다, 쉬고 있는 것 같다 등
- 공룡의 몸(예 : 얼굴, 이빨, 꼬리, 다리, 발톱 등)이 어떻게 생겼나요?
  - 이빨이 뾰족하다, 꼬리가 길다 등
○ 공룡 사진이나 영상물을 통해 공룡의 움직임을 살펴본다.
- 몸을 어떻게 움직이나요?
  - 허벅지를 당기고 발을 높게 들어 다음 갈 곳을 향해 내딛는다.
  - 토끼처럼 두 다리를 모았다가 힘차게 펴면서 다른 곳으로 이동한다.
- 표정은 어떤가요?
- 어떤 소리를 내고 있나요?
○ 원하는 유아들이 나와 공룡의 움직임을 표현해 본다. **T**IP
- 방금 살펴본 공룡의 모습을 몸으로 나타내 보세요.
○ 공룡처럼 움직여 본 소감에 대해 이야기 나눈다.
- 공룡이 되어 움직여 보니 어떤 기분이 들었나요?
- (율동을 감상하였던 유아들에게) 친구들이 공룡처럼 움직여 보았는데 어땠나
  요? 어떤 동작이 기억에 남나요? 왜 그런가요?

**T**IP 유아들이 공룡의 움직임,
표정, 울음소리 등을 사실적으로
표현할 수 있도록 격려한다. 교사
가 유아의 움직임을 묘사하거나
빔프로젝터를 활용하여 무대의 배
경으로 공룡 사진이나 영상을 틀
어 놓으면 유아들이 공룡을 표현
하는 데에 도움이 된다.

공룡의 움직임 표현하기

**유의점**

■ 유아들이 공룡에 대한 사전 지식이 있어야 몸으로 표현할 수 있으므로 사전에 공룡에 대해 알아보는 활동을 충분히 실시한 후에 율동하도록 한다.

**관련활동**

■ 이야기나누기 '우리 좋아하는 동물 ― 공룡' (134쪽 참고)
■ 이야기나누기 '공룡의 멸종' (135쪽 참고)
■ 동화 '공룡 책' (133쪽 참고)

# 14 같은 공룡 그림 찾아오기

**집단형태**

대집단활동

**활동유형**

신체(게임)

**활동자료**

같은 공룡 그림 20여 쌍
Ⓣ ip , 바구니 2개, 게시판 2
개, 평가자료(고리, 고리대)

Ⓣ IP 공룡 화보나 실내자유선
택활동 시간에 유아들이 그린 공
룡을 이용한다. 각 공룡당 그림을
3장 준비하여 이 중 2장은 유아들
이 게임에서 가져올 그림으로 뒷
면에 벨크로 테이프를 붙인 후 각
편의 융판에 붙여 두고, 1장은 교
사가 유아에게 보여 줄 그림으로
교사의 바구니에 담아 둔다.

좋아하는 공룡에 대해 조사한 자료

게시판에서 같은 공룡 그림 찾기

**활동목표**

■ 공룡의 생김새에 관심을 갖는다.

■ 사물의 같은 점과 차이점을 인식한다.

■ 게임 방법을 알고 규칙을 지키며 게임을 한다.

**활동방법**

○ 유아들이 두 편으로 나누어 앉은 후 양편의 수를 같게 한다.

○ 자료를 보며 게임 방법을 이야기한다.

■ 융판에 무엇이 있나요?

• 우리가 그린 공룡 그림들이 붙어 있다.

■ 선생님이 갖고 있는 바구니에는 융판에 붙어 있는 그림과 똑같은 그림이 하나
씩 들어 있어요.

■ 준비한 것으로 어떻게 게임할 수 있을까요?

• 바구니에서 꺼낸 공룡과 똑같은 공룡 그림을 융판에서 찾아온다.

○ 게임을 시범 보인다.

■ 어떻게 하는 게임인지 보여 줄 사람 있나요?

■ 선생님이 먼저 바구니에서 그림을 하나 꺼낼게요. 어떤 공룡인가요? 이 공룡의
이름을 알고 있나요?

■ 출발 신호를 하며 ○○와 △△는 뛰어가서 융판에 있는 공룡 중 같은 공룡을
떼어서 가져오세요.

■ 같은 공룡 그림을 먼저 가져온 편에게 고리를 하나 걸 거예요. 고리의 수가 많
은 편이 이기는 게임이에요.

○ 게임을 한다.

○ 게임이 끝난 후 유아들과 함께 평가한다.

■ ◇◇편은 고리가 몇 개인가요?

• 5개

■ △△편은 고리가 몇 개인가요?

• 7개

■ 어느 편의 고리가 더 많은가요?

138 이화유치원 교육과정 운영의 실제 – 만 5세

- • △△ 편이 2개 더 많다.
  - ■ 이번 게임은 △△ 편이 이겼어요. △△ 편에게 박수쳐 주세요. ◇◇ 편에게도 열심히 게임했다고 박수쳐 주세요.
- ○ 두 번째 게임을 하고 평가한다.
- ○ 응원 태도에 대해 평가한다.
  - ■ 양편 모두 바른 태도로 열심히 응원했나요?
  - ■ 열심히, 즐겁게 게임했다고 서로에게 박수쳐 줍시다.
- ○ 게임자료를 정리한다.

### 유의점

- ■ 하나의 게시판에 두 명의 어린이가 달려가 그림을 찾을 경우 서로 부딪힐 수 있으므로 각 편의 유아들이 사용할 게시판을 각각 준비한다.

### 관련활동

- ■ 이야기나누기 '우리가 좋아하는 동물 - 공룡' (134쪽 참고)
- ■ 수학 · 조작 영역 '공룡과 뼈 짝짓기' (132쪽 참고)
- ■ 동화 '공룡 책' (133쪽 참고)

# 5. 상상의 동물

활동
**1** 사신 — 청룡, 백호, 현무, 주작

**집단형태**
대집단활동

**활동유형**
이야기나누기

**활동자료**
사신의 모습이 담긴 사진

'사신' 이야기나누기 자료

**①IP 1** 본 활동은 '우리나라' 생활주제 전개 시 사신이 그려져 있거나 조각된 전통건축물이 있는 장소로 현장학습을 다녀온 후 실시할 수 있다.

**활동목표**

■ 우리나라 고유의 상상 동물이 있음을 안다.

■ 사신의 의미와 사신이 나타내는 방향을 안다.

■ 상상의 동물 모습을 감상하며 전통문화에 친숙해지고 관심을 갖는다.

**활동방법**

○ 우리나라 옛 건축물 중 경복궁 사진을 보며 사신에 대해 이야기를 나눈다. **①IP 1**

■ 이곳은 어디일까요?

• 경복궁

■ 경복궁에 가 본 적이 있나요? 경복궁에서 무엇을 보았나요?

■ 경복궁의 여러 건물 중에서 왕이 일을 했던 근정전의 사진을 함께 봅시다. 무엇이 보이나요?

• 기와, 단청, 석상

■ 근정전 앞에 돌로 만든 동물 조각상을 보았나요? 어떤 동물들이 있었나요?

• 용, 거북이, 새, 호랑이 등

■ 왜 조각상들을 세워 놓았을까요?

• 멋있게 보이기 위해서

• 건물을 장식하기 위해서

■ 옛날 사람들은 동, 서, 남, 북 하늘의 네 방향에서 우리를 지켜 주는 신이 있다고 생각했어요. 여러 동물의 모습을 보고 네 개의 신을 상상해서 만들었어요.

○ 사신(청룡, 백호, 현무, 주작)의 생김새와 사신에 담긴 의미에 대해 이야기를 나눈다.

■ 생김새를 살펴봅시다. 어떻게 생겼나요? 이름이 무엇일까요?

• 청룡 : 9가지 다른 동물의 모습이 합쳐져 있다(머리는 낙타, 뿔은 사슴, 눈은 토끼, 귀는 소, 몸통은 뱀, 배는 조개, 비늘은 잉어, 발은 호랑이, 발톱은 매를 닮은 모습임).

• 백호: 머리는 하얀색 호랑이고, 몸통은 용의 모습이다.

• 주작: 8가지 다른 동물의 모습이 합쳐져 있다(머리는 닭, 턱은 제비, 목은 뱀, 다리는 학, 꼬리는 물고기, 깃털은 원앙, 등은 거북, 발톱은 매를 닮은 붉은 색 봉황이 날개를 펼친 모습임).

• 현무: 뱀을 온 몸에 칭칭 감고 있는 다리가 긴 거북이의 모습이다.

■ 사신은 각각 정해져 있는 방향이 있어요. 어느 쪽을 지켜 주고 있는 신인지 알아봅시다. **T**IP 2

　• 청룡은 동쪽, 백호는 서쪽, 주작은 남쪽, 현무는 북쪽을 지켜 준다고 생각했다.

■ 사신에는 특별한 뜻이 담겨져 있어요. 오방색에 담겨져 있는 뜻과도 같아요.

　• 청룡은 오방색 중 파란색에 담긴 뜻과 같이 복과 생명을 가져다 주는 신이라고 생각했다.

　• 백호는 오방색 중 하얀색에 담긴 뜻과 같이 진실을 나타내는 신이라고 생각했다.

　• 주작은 오방색 중 빨간색에 담긴 뜻과 같이 무슨 일이든 열심히 하는 정열의 신이라고 생각했다.

　• 현무는 오방색 중 검은색에 담긴 뜻과 같이 지혜로운 신이라고 생각했다.

○ 다양한 건물이나 예술품에 나타난 사신의 모습을 보면서 이야기를 나눈다.

■ 사신이 나타난 건물의 사진을 준비했어요. 사신을 찾아봅시다.

　• 경복궁: 문의 천장에 단청으로 그려져 있다.

　• 국립민속박물관: 조각상으로 세워져 있다.

■ 우리나라의 옛날 건축물 중에서 사신의 그림이나 조각상을 찾아볼 수 있어요. 또 어떤 것들이 있는지 찾아보고 함께 이야기를 나누어 봅시다.

관련활동

■ 조형 영역 '탁본' (148쪽 참고)

■ 이야기나누기 '해치, 봉황' (144쪽 참고)

■ 이야기나누기 '용' (152쪽 참고)

상상의 동물

**T**IP 2　유아들이 동-서-남-북 방향을 정확하게 알기 어려워할 경우, 활동을 마친 후에 각 방향에 따른 사신의 그림을 벽면에 게시하여 유아들이 지속적으로 관심을 갖도록 격려한다.

# 해치, 봉황

**집단형태**
대집단활동

**활동유형**
이야기나누기

**활동자료**
봉황, 해치의 모습을 담은 사진

해치

봉황

'해치 · 봉황' 이야기나누기 자료

**활동목표**

- 우리나라 고유의 상상 동물이 있음을 안다.
- 해치와 봉황의 생김새와 특징에 관심을 갖는다.
- 상상의 동물 모습을 감상하며 전통문화에 친숙해지고 관심을 갖는다.

**활동방법**

○ 봉황의 무늬가 나타난 물건의 사진을 보며 봉황의 생김새와 의미에 대해 이야기를 나눈다.

- 이것은 무엇일까요? 어떤 무늬가 있나요?
- 이 무늬는 옛날 우리나라 사람들이 상상해서 만든 '봉황'이라는 동물이에요. 봉황은 여러 가지 동물의 모습이 숨겨져 있어요. 어떤 동물을 닮았는지 찾아봅시다.
  - 용과 학 사이에서 태어난 동물이다. 10가지 동물의 좋은 점을 가지고 있다.
  - 앞모습은 기러기, 뒷모습은 기린, 턱은 제비, 부리는 닭, 목은 뱀, 다리는 학, 꼬리는 물고기, 깃털은 원앙, 등은 거북, 발톱은 매의 모습을 닮았다. 오색 깃털을 가지고 있다.
- 옛날 사람들은 봉황을 어떤 동물로 생각했을까요?
  - 복되고 좋은 일이 일어날 것이라는 의미를 가지고 있다.
  - 훌륭한 사람이 태어날 때 이 세상에 나타나는 새이다.
  - 모든 새들을 다스리는 새이기 때문에 임금이나 대통령을 나타내는 물건에 사용된다.

○ 해치의 생김새와 의미에 대해 이야기를 나눈다.

- 생김새를 살펴봅시다. 어떤 동물과 비슷하게 생겼나요?
  - 사자와 비슷하다. 이 동물의 이름은 '해치'이다. '해태'라고도 한다.
  - 머리에 뿔이 있고 목에는 방울을 달고 있다.
  - 몸은 비늘로 덮여 있으며 겨드랑이에는 날개 같은 깃털이 나 있다.
  - 여름에는 늪가에서 살고, 겨울에는 소나무 숲에서 산다.
- 해치는 어떤 능력을 가지고 있을까요?
  - 옳고 그름을 정확하게 판단할 수 있는 능력을 가지고 있다.

- 화재나 재앙을 물리치는 능력을 가지고 있다.
○ 해치를 볼 수 있는 건축물과 해치의 쓰임새에 대해 이야기를 나눈다.
  - 해치를 본 적이 있나요? 어디에서 보았나요?
    - 경복궁 : 임금님이 공평하게 나라를 다스리기를 바라는 마음, 경복궁에 불이 나지 않기를 바라는 마음으로 곳곳에 세워 두었다.
○ 상상의 동물의 의미에 대해 이야기한다.

상상의 동물

  - 사람들이 상상하여 만든 동물들은 어떤 점이 비슷한가요?
    - 좋은 뜻을 가지고 있다.
    - 특별한 능력이 있다.
  - 사람들은 왜 상상해서 동물을 만들었을까요?
    - 일이 잘되기를 바라는 마음에서
    - 내 힘으로 하기 어려운 일이기 때문에 특별한 능력을 가진 동물에게 의지하고 싶은 마음에서

**확장활동**

- 유아들이 가정에서 상상의 동물 모습이 담긴 물건, 그림, 의류 등을 조사하여 친구들과 공유할 수 있도록 격려한다.

**관련활동**

- 조형 영역 '상상 동물 만들기' (150쪽 참고)
- 이야기나누기 '사신 — 청룡, 백호, 현무, 주작' (142쪽 참고)
- 이야기나누기 '용' (152쪽 참고)

# 활 동 3 무늬 보고 동물 알아맞히기

### 집단형태
자유선택활동

### 활동유형
수학·조작 영역

### 활동자료
용, 현무, 주작, 백호, 해태가 그려진 그림판 **T**IP 1

'무늬 보고 동물 알아 맞히기' 활동자료

**T**IP 1  교구제작 시 그림의 특정 부분을 들춰 볼 수 있는 가림판으로 그림을 덮어 둔다. 유아들이 각 동물의 특징이 명확히 드러나는 곳을 볼 수 있도록 가림판의 적절한 곳에 칼집을 내어 열어 보게 한다(예: 현무-뱀 머리, 거북이 등껍질 부분 등).

**T**IP 2  본 활동을 실시하기 전 우리나라의 상상의 동물(청룡, 백호, 주작, 현무, 황룡, 해태, 용 등)의 종류와 특징에 대해 알아본다.

### 활동목표
■ 상상의 동물의 생김새에 관심을 갖는다.
■ 부분과 전체의 생김새에 관심을 갖는다.

### 활동방법
○ 상상의 동물에 대해 이야기를 나누었던 것을 회상한다. **T**IP 2
■ 우리나라의 전통건축물에서 볼 수 있는 상상의 동물에는 어떤 것들이 있었나요?
• 청룡, 백호, 주작, 현무, 해태, 봉황 등
○ 각각의 동물들의 생김새에 대하여 이야기한다.
■ 청룡의 생김새는 어떠했나요?
• 낙타의 머리, 사슴의 뿔, 토끼의 눈, 소의 귀, 뱀의 몸통, 조개와 같은 배, 잉어의 비늘, 호랑이의 발, 매의 발톱을 닮았다(9가지 동물의 모습을 담고 있음).
■ 백호의 생김새는 어떠했나요?
• 흰색의 호랑이다.
■ 주작의 생김새는 어떠했나요?
• 다리가 두 개인 붉은 새이다.
■ 현무의 생김새는 어떠했나요?
• 머리가 두 개 달린 거북이로 뱀의 모습을 닮아 목과 꼬리의 길이가 길다.
■ 해태의 생김새는 어떠했나요?
• 사자와 비슷하게 생겼다. 기린처럼 머리에 뿔이 났으며 목에 방울을 달고 있다. 몸 전체는 비늘로 덮여 있고, 겨드랑이에는 날개를 닮은 깃털이 나 있다.
■ 봉황의 생김새는 어떠했나요?
• 머리 앞쪽은 기린의 수컷, 뒤쪽은 사슴, 몸은 뱀, 꼬리는 물고기, 등은 거북, 턱은 제비, 부리는 닭을 닮았다. 깃털은 오방색으로 매우 화려하다.
○ 수학·조작 교구의 구성물을 살펴본다.
■ 그림판에 우리가 이야기했던 상상의 동물들이 있어요.
• (한 조각을 들춰 보면서) 어떤 동물의 부분일까요?
• 현무
■ 왜 그렇게 생각했나요?

• 머리가 두 개이고 검은색이다.

○ 부분을 확인할 수 있는 조각을 모두 들춰본 다음 전체 그림을 확인해 본다.
　■ 현무가 맞는지 다른 부분들도 모두 들춰서 확인해 보세요. 조각판을 넘겨서 전체 그림을 확인해 보세요. 현무가 맞나요?

○ 다른 동물 그림도 같은 방법으로 부분을 보고 전체를 알아맞힌다.
　■ 다른 그림판도 같은 방법으로 부분을 보고 어떤 동물인지 알아맞혀 보세요.

**관련활동**
　■ 이야기나누기 '사신−청룡, 백호, 현무, 주작' (142쪽 참고)
　■ 이야기나누기 '해태, 봉황' (144쪽 참고)

**상상의 동물**

무늬 보고 동물 알아맞히기

**활 동**
# 4 탁본

**집단형태**

자유선택활동

**활동유형**

조형 영역

**활동자료**

먹물, 고무판(동물이 음각으로 새겨져 있는 것), 화선지, 솜방망이, 물뿌리개, 젖은 수건, 작업순서도

**TIP 1** 십이지신 이야기의 유래와 열두 띠에 해당되는 동물에 대하여 이야기를 충분히 나눈 후 본 활동을 실시한다.

**TIP 2** 고무판에 화선지가 밀착될 수 있도록 젖은 수건으로 고무판을 닦고 바로 화선지를 덮는다.

화선지 위에 솜방망이 두드리기

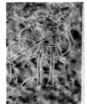 

완성 작품

**활동목표**

- 십이지신에 대해 관심을 갖는다.
- 탁본의 원리와 방법을 알고 작품을 만든다.

**활동방법**

○ 십이지신에 대하여 이야기를 나눈 후, 탁본할 수 있는 고무판의 그림들을 소개한다.
  **TIP 1**
  - 고무판에 무엇이 그려져 있나요?
    • 토끼, 말, 양, 호랑이 등 십이지신
  - 열두 띠의 동물들인 십이지신이 그려져 있어요.

○ 탁본의 원리와 방법에 대하여 이야기를 나눈다.
  - 판화를 해본 적이 있나요?
  - 판화를 찍었을 때 밑의 고무판과 그림의 방향이 어땠나요?
    • 판화를 찍은 종이에 나타난 그림과 고무판의 그림이 반대 방향이다.
  - 만약 그림이 아닌 글자를 판화로 찍었다면 알아보기가 어떨까요?
    • 알아보기 어렵다.
  - 그림이나 글자가 고무판과 반대가 되지 않게 하는 방법이 있어요. 고무판에 물감을 칠하고 종이를 고무판 위에 올려놓은 후, 그 위에 솜방망이를 두드려서 찍는 거예요. 이때 솜방망이를 쥔 손에 힘을 빼고 약하게 살살 두드려야 해요. 한 곳을 여러 번 두드리지 않고 한 번만 살살 두드리세요. 이런 방법을 '탁본' 이라고 불러요.
  - 옛날 사람들은 글씨와 같이, 방향이 바뀌지 않아야 하는 그림을 종이에 찍어 내야 할 때 '탁본' 이라는 방법을 사용했대요. 비석의 글씨나 그림을 베껴 낼 때 이런 방법을 썼어요.

○ 탁본을 한다.
  - 탁본을 해서 고무판의 동물을 화선지에 나타내 봅시다.
    • 화선지에 이름을 쓴다.
    • 고무판에 물을 뿌린 후, 젖은 수건으로 닦아 낸다. **TIP 2**
    • 고무판 위에 화선지를 덮는다.

- 솜방망이에 먹물을 묻힌 후, 화선지 위에 두드린다.
- 화선지를 고무판에서 떼어 내어 건조대에 말린다.

**유의점**

■ 사용하는 종이가 두꺼울 경우, 탁본이 제대로 되지 않을 수 있으므로 얇은 화선지를 사용하며 솜방망이로 너무 세게 두드리지 않도록 주의한다.

**관련활동**

■ 이야기나누기 '용' (152쪽 참고)
■ 이야기나누기 '사신－청룡, 백호, 현무, 주작' (142쪽 참고)

**상상의 동물**

## 활동 5 상상 동물 만들기

**집단형태**

자유선택활동

**활동유형**

조형 영역

**활동자료**

찰흙, 두꺼운 종이로 만든 점토판, 연필, 이쑤시개, 수수깡, 다 쓴 사인펜 속심, 나무젓가락, 설압저

**활동목표**

- 동물의 생김새를 상상한다.
- 상상한 바를 조형 작품으로 표현한다.

**활동방법**

◯ 여러 가지 상상의 동물(예: 용, 해태, 청룡, 백호, 주작, 현무, 황룡 등)의 모습을 살펴본다.

- 이 동물은 어떻게 생겼나요?
- 무엇을 닮았나요?
- 이 동물의 이름은 무엇일까요?

◯ 상상의 동물을 만들 것임을 소개한다.

- 이 동물들은 실제 살고 있나요?
  - 살고 있지 않다.
  - 사람들이 머릿속으로 생각해 낸 동물이다.
- 우리도 상상 속의 동물을 만들 거예요.

◯ 상상의 동물을 정하고 설계도를 그린다.

- 각자 자신만의 상상의 동물을 생각해 보세요.
- 점토를 이용하여 만들기 전에, 어떻게 만들 것인지 설계도를 그려 보세요.

◯ 점토로 상상의 동물을 만든다. **TIP**

◯ 자신이 만든 상상의 동물을 소개한다.

- 무엇을 만들었나요?
- 이 동물의 이름은 무엇인가요?

**TIP** 동물 작품을 세우기 위해 나무젓가락이나 피복전선으로 심지를 만들고 그 위에 찰흙을 덧입혀 나간다. 완성된 작품에는 이쑤시개 등으로 이름을 쓰고 점토판에 올려서 말린다.

상상의 동물 설계도 보며 점토로 만들기

■ 무엇과 닮았나요?

자신이 만든 상상 동물 소개하기

○ 완성한 작품을 전시한다.

상상 동물 설계도

설계도 보고 만든 입체물

**관련활동**

- 이야기나누기 '용' (152쪽 참고)
- 이야기나누기 '사신－청룡, 백호, 현무, 주작' (142쪽 참고)
- 이야기나누기 '해치, 봉황' (144쪽 참고)

**집단형태**

대집단활동

**활동유형**

이야기나누기

**활동자료**

용의 모습이 나타난 전통예술품 사진(예: 숭례문의 홍예문 천정의 단청, 구장복 등)

남대문

용의 모습이 나타난 전통예술품
– 숭례문 홍예문의 천장

우리나라 사람들이 입던 옷

자수 금사 오조룡 보

자수 은사 쌍학 흉배

용의 모습이 나타난 전통예술품
– 전통 의상

**활동목표**

■ 우리나라 고유의 상상 동물이 있음을 안다.

■ 용의 생김새와 의미에 관심을 갖는다.

■ 상상의 동물 모습을 감상하며 전통문화에 친숙해지고 관심을 갖는다.

**활동방법**

○ 전통예술품에 나타난 용의 생김새에 대해 이야기를 나눈다.

■ 이 동물은 무엇일까요?

■ 용은 사람들이 상상해서 만들어 낸 동물이어서 실제로 본 사람은 없어요. 용이 어떻게 생겼는지 살펴봅시다.

• 사람들은 9가지 동물의 모습을 모아서 용의 모습을 만들었다.

• 머리 한 가운데에는 뿔이 있다. 하늘을 자유롭게 날 수 있게 해 준다.

• 입 아래에 긴 수염이 있다.

• 등에는 여든 한 개의 비늘이 있다.

○ 용이 가진 특별한 능력에 대해 이야기를 나눈다.

■ 용의 목에 걸려 있는 '여의주' 라는 구슬은 용이 특별한 능력을 갖게 해 줘요. 용은 어떤 능력을 가지고 있을까요?

• 날씨를 마음대로 바꿀 수 있어서 천둥과 번개, 폭풍우를 일으키거나 바닷물이 파도치게 할 수 있다.

• 입에서 입김을 내뱉으면 불꽃이 일어난다.

• 땅 속 깊은 곳, 하늘 높은 곳으로 빠르게 움직여 갈 수 있다.

• 몸의 모양이나 크기를 마음대로 바꿀 수 있다.

○ 용의 모습이 나타난 전통예술품을 감상하며 용에 담긴 옛 선조들의 마음에 대해 이야기를 나눈다.

■ 이것은 무엇일까요? 용의 모습을 찾아 봅시다.

• 왕이 입는 옷(구장복), 단청, 벽화 등

■ 옛날 사람들은 왜 용을 상상해서 만들고 여러 가지 물건에 그려 넣었을까요?

• 특별한 능력을 가진 용이 지켜 줌으로써 모든 일이 잘 되기를 바라는 마음에서

• 사람들이 하기 어려운 일을 용이 대신 해 주기를 바라는 마음에서

**관련활동**

- 조형 영역 '용 그리기' (154쪽 참고)

- 율동 '용춤' (158쪽 참고)

- 이야기나누기 '사신 – 청룡, 백호, 현무, 주작' (142쪽 참고)

## 활동 7 용 그리기

| 집단형태 |
| --- |
| 자유선택활동 |

**집단형태**
자유선택활동

**활동유형**
조형 영역

**활동자료**
아세테이트지, 스테인드글라스 물감, 아크릴 물감, 붓(굵기 종류 3가지로 나누어 준비), 물통, 건조대, 셀로판 테이프, 용 그림 확대 복사한 것

**활동목표**
- 용의 생김새에 관심을 갖는다.
- 용의 모습을 상상하고 그림으로 표현한다.

**활동방법**
○ 용의 모습에 대하여 이야기를 나눈다.
○ 유아가 상상하는 용의 모습을 각자 종이에 그려 본다.
  - ○○○반 어린이들이 생각한 용의 모습은 어떠한가요?
  - 각자 종이에 그려 봅시다.
○ 유아들이 그린 그림과 교사가 준비한 용의 그림을 반에 전시하고, 투표를 통하여 제일 좋아하는 용의 모습을 한 가지 선정한다.
  - ○○○반 어린이들이 그린 용 그림 중 한 가지를 골라 모두가 볼 수 있도록 크게 만들 거예요.
  - 가장 마음에 드는 용 그림을 정해 봅시다.

유아들이 상상한 용

○ 교사는 선정된 용의 모습을 천장벽화 사이즈에 맞춰 확대 복사한다.
○ 스테인드글라스 사진을 보며 스테인드글라스 물감에 대해 이야기 나눈다.
  - 스테인드글라스를 본 적이 있나요?
    • 색유리를 이용하여 창문을 꾸민 것을 스테인드글라스라고 한다.
    • 스테인드글라스 물감을 사용해서 그림을 그리면 햇빛이 창을 통과해서 들어올 수 있다. 이때 햇빛은 창의 색깔을 통과하면서 색깔 빛이 되어 들어온다.
  - 우리가 정한 용 그림을 스테인드글라스 물감으로 칠해서 여러 가지 색깔 빛이 들어오게 할 거예요.

○ 확대 복사한 용 그림 위에 셀로판테이프로 아세테이트지를 고정시키고 아크릴 물감으로 용 그림의 테두리를 따라 그린다.

○ 어떤 색으로 용을 칠할지 정하고 스테인드글라스 물감으로 색칠한다.

용 그리기

상상의 동물

○ 완성된 작품은 건조대에 말린 후 유리 천장에 걸어 전시한다.

■ 우리가 다녀온 경복궁 근정전에는 용 그림이 어디에 있었나요?

• 천장

■ 우리의 용 그림도 천장에 전시해 봅시다.

햇빛이 들어오는 천장 아래에 그림 전시하기

관련활동

■ 이야기나누기 '용' (152쪽 참고)

# 용의 움직임을 악기로 표현하기

**집단형태**

대집단활동

**활동유형**

악기연주

**활동자료**

용의 모습을 나타낼 수 있는 악기(예: 심벌즈, 징, 북, 장구, 귀로 등), 용춤 동영상(비디오) 자료, 컴퓨터, 스크린, 빔프로젝터

**TIP** 음률 영역의 악기장을 교사 옆으로 옮겨 와 각 악기의 소리를 들어보며 적합한 악기를 찾아볼 수도 있다.

동영상으로 용의 움직임 보고 악기로
표현하기

**활동목표**

■ 용의 생김새와 움직임을 탐색한다.

■ 용의 특징을 소리로 표현한다.

**활동방법**

○ 용춤 영상물을 감상한다.

　■ 용의 모습이 어떤가요?

　　• 몸이 길다

　　• 얼굴이 무섭게 생겼다.

　　• 얼굴에 긴 수염과 같은 털이 있다.

　　• 뿔이 있다.

　■ 용이 어떻게 움직이고 있나요?

　　• 한 번 머리를 꿈틀대면 몸과 꼬리까지 움직인다.

　　• 무엇인가를 잡아먹을 것처럼 입을 크게 벌리고 움직인다.

　　• 긴 몸을 돌돌 말아 머리만 들고 상대방을 공격하려고 한다.

○ 용을 표현하기에 적합한 악기를 탐색한다. **TIP**

　■ 용의 모습을 악기로 연주해 볼 거예요.

　■ 용의 움직임을 가장 잘 나타낼 수 있는 악기에는 어떤 것이 있을까요?

　　• 용이 입을 다물었다가 벌릴 때 심벌즈·징을 한 번 친다.

　　• 용이 방향을 바꿔가며 날아다닐 때에는 북을 계속 두드린다. 천천히 움직일 때에는 천천히, 빨리 움직일수록 빨리 두드린다.

　　• 용이 몸을 꼬기 시작할 때에는 돌림 실로폰으로 몸을 꼬는 모습을 나타낸다.

　　• 용이 머리만 내밀어 상대방을 공격할 때에는 귀로로 머리를 내밀 때마다 한 번씩 강하게 문지른다.

○ 음률 영역에서 악기를 가져와 각 악기 소리를 들어본다.

○ 원하는 유아들이 나와 용춤 영상물을 보면서 악기를 연주해 본다.

○ 용의 각 움직임에 적합한 악기가 사용되었는지 이야기를 나눈다.

　■ 용이 움직임에 어울리게 악기가 연주되었나요?

　■ 용의 움직임을 더 잘 나타내 줄 수 있는 악기에는 어떤 것이 있을까요?

○ 평가를 바탕으로 2차 악기 연주를 해본다.

**사전활동**

■ 활동을 하기 전에 용의 모습을 나타내기에 적합한 악기를 음률 영역에 내어 주어 유아들이 악기를 충분히 탐색할 수 있도록 한다.

**관련활동**

■ 이야기나누기 '용' (152쪽 참고)
■ 율동 '용춤' (158쪽 참고)

**집단형태**

대집단활동

**활동유형**

율동

**활동자료**

중국의 용춤 동영상(비디오)
자료, 컴퓨터, 스크린, 빔프로
젝터

**Ⓣ IP** 용 가면을 만들어 착용하
고 용춤을 춰 볼 수 있다. 용춤을
관람하는 유아들은 타악기(예: 소
고)로 장단을 연주하여 많은 유아
들이 활동에 참여하도록 한다. 빔
프로젝터가 설치된 경우, 동영상
을 틀어 놓으면 유아들이 용춤을
추는 데에 도움이 된다.

용춤 동영상 감상하기

용춤 추기

**활동목표**

- 용의 생김새와 움직임을 탐색한다.
- 용의 모습을 창의적인 움직임으로 표현한다.

**활동방법**

○ 중국의 용춤을 감상한다.

- 각 나라마다 전통 춤이 있어요. 중국에도 '용춤' 이라는 전통 춤이 있다고 해요.
- 중국에서는 용춤을 어떻게 추는지 용춤을 감상해 봅시다.

○ 중국의 용춤을 본 느낌에 대해 이야기 나눈다.

- 용춤을 보니 어떤 느낌이 들었나요?
- 용이 어떻게 움직이는 것 같나요?
  - 매우 힘차게 움직인다.
  - 빠르고 강하게 움직인다.

○ 용춤의 유래에 대해 이야기한다.

- 중국도 우리처럼 매년 1월 1일 '춘절' 이라는 명절을 지내요. 이때 새해를 맞이
  하는 의미에서 용춤을 추는데, 그 밖에도 집안에 좋은 일(예: 혼례)이 있을 때 춘
  다고 해요.

○ 원하는 유아들이 나와 음악에 맞추어 용춤을 춰 본다. Ⓣ IP

○ 용춤을 추어 본 소감에 대해 이야기한다.

- 용춤을 춰 보니 어떤 기분이 들었나요?
- (용춤을 감상하였던 유아들에게) 친구들이 용춤 추는 것을 보았는데 어떤 동작
  이 기억에 남나요? 왜 그런가요?

**관련활동**

- 이야기나누기 '용' (152쪽 참고)
- 악기연주 '용의 움직임을 악기로 표현하기' (156쪽 참고)

# 상상의 동물로 동화 만들기

## 활동목표

- 상상의 동물을 이용하여 이야기를 구성한다.
- 친구들과 협력하는 태도를 기른다.

## 활동방법

○ 동화를 만들 유아들끼리 모인다.

○ 상상의 동물에 대해 나눈 이야기를 회상한다.

- 지금까지 알아본 상상의 동물에는 어떤 것들이 있었나요?
  - 청룡, 백호, 극락, 현무, 황룡, 해태, 봉황, 십이지신
- 이 중에서 어떤 동물이 나오는 동화를 만들어 볼까요?

○ 상상의 동물에 담긴 의미나 특징에 대해서 이야기를 나눈다. 다음은 황룡을 주제로 이야기 나눈 예이다. **TIP 1**

- 황룡은 무슨 색일까요?
  - 노란색
- 노란색은 어느 방향을 나타내나요?
  - 가운데
- 옛날 사람들은 노란색에 어떤 뜻이 담겨 있다고 생각했나요?
  - 노란색에 귀하고 소중하다는 뜻을 담아 사용했다.
- 황룡은 어떤 건물에서 볼 수 있나요?
  - 경복궁 근정전의 천장
  - 숭례문 홍예문의 천장
  - 임금님의 옷

○ 동화를 만드는 방법을 정하고 이야기를 만든다.

- 우리가 이야기한 내용들로 재미있는 동화를 만들어 볼 거예요. **TIP 2**
- 어떤 방법으로 함께 동화를 만들 수 있을까요?
  - 각자 이야기를 만들고 이 중에 재미있는 이야기를 선택한다.
  - 한 사람씩 돌아가면서 이야기를 덧붙여 완성한다.
- 이야기를 차례대로 이어서 만들어 봅시다.

○ 다 만든 이야기를 들어 본다.

---

**집단형태**
소집단활동(약 10명)

**활동유형**
동화

**활동자료**
유아들의 이야기를 기록한 필기도구, 녹음자료, 유아들이 이야기 내용을 그릴 종이와 필기구

**TIP 1** 동화의 등장인물로 선택한 상상의 동물과 관련해서 다양한 이야기를 나누면 유아들이 상상력을 발휘하여 동화 내용을 만드는 데에 도움이 된다.

**TIP 2** 모둠별로 동화를 만들 경우, 이야기를 만드는 데 주도적으로 참여하는 유아가 있는 반면, 소극적으로 참여하는 유아들도 있으므로 모든 유아들이 골고루 동화 제작 과정에 참여할 수 있도록 지도한다. 예를 들어, 동화 제작 시 한 유아가 한 장면 이야기를 만들고 다음 유아가 그 다음 장면 이야기를 만들어 나가면 모든 유아가 골고루 이야기 만들기에 참여할 수 있다.

○ 각 장면을 그림이나 사진 등으로 표현한다.

○ 친구들에게 동화를 들려준다.

**TIP 3** '황룡이의 노란 물방울'은 2008학년도 무궁화반 유아들이 창작한 동화이다.

동화 **TIP 3**

# 황룡이의 노란 물방울

옛날 하늘나라에 집이 다섯 채 있었어요. 그리고 집마다 동물들이 살고 있었어요. 북쪽 집에는 현무, 동쪽 집에는 청룡, 서쪽 집에는 백호, 남쪽 집에는 주작, 그리고 가운데 집에는 황룡이 살았어요.

그런데 이 동물들은 모두 특별한 힘을 갖고 있었어요. 그중 황룡은 모든 것을 소중하고 귀하게 만드는 힘을 갖고 있었어요. 이 힘은 황룡이가 갖고 있는 노란 물병에 담겨 있었지요.

어느 날, 황룡이와 청룡이가 하늘에서 놀다가, 실수로 황룡이의 노란 물방울이 담긴 통을 엎지르고 말았어요. 이 물방울은 하늘에서 땅으로 뚝! 뚝! 뚝! 떨어졌습니다.

한 아주머니께서 길을 걸어가고 있었어요. 그 아주머니는 아주 착하지만 먹을 것이 없을 정도로 가난했습니다. 아주머니는 음식을 구하러 나무상자를 들고 가고 있었습니다. 그런데 그 때 노란 물방울이 하늘에서 떨어졌어요. 나무상자에 물방울이 닿자, 그 상자가 황금으로 된 보물상자로 변했어요. 그리고 상자 안에서 금은보화가 쏟아졌어요. 아주머니는 이것들을 팔아 돈을 벌고, 사람들에게도 나누어 주었습니다. 그리고 하늘에 있는 황룡이에게 말했어요.

"황룡아 고마워. 귀한 금은보화를 잘 쓸 수 있게 해 줘서 고마워."

황룡이는 기분이 좋아졌어요.

숲 속에서 토끼가 뛰어놀고 있었어요. 그런데 이 토끼는 유치원에서 친구랑 너무 많이 싸워서 같이 놀 친구가 없었어요. 오늘도 토끼는 친구와 싸우고 깡충깡충 뛰어가다가 하늘에서 떨어진 노란색 물방울을 맞았어요.

그러자 토끼는 오늘 싸운 토끼 친구가 생각이 났어요. 그리고 '소중한 친구인데 싸우지 말아야지' 하고 생각했습니다. 저 쪽에서 친구가 나타났어요. 토끼는 친구에게 사과를 했어요. 둘은 다시 친한 친구가 되었습니다. 토끼는 하늘을 보며 말했습니다.

"황룡아 고마워. 친구가 소중하다는 것을 알게 해 줘서 고마워."

황룡이는 기분이 좋아졌어요.

한편, 바다에서 거북이 한 마리가 헤엄을 치고 있었어요. 그런데 이 거북이는 동생이랑 싸우고 엄마 말씀을 잘 듣지 않았어요. 오늘도 동생이랑 싸우고 엄마 말씀을 듣지 않고 바다로 나와 노는데, 갑자기 하늘에서 노란색 물방울이 떨어졌어요. 그러자 거북이의 등이 황금색으로 변하기 시작했어요. 거북이는 엄마, 동생이 얼마나 소중한지 알게 되었어요. 그리고 앞으로 동생이랑 싸우지 않고 엄마 말씀을 잘 듣기로 결심했습니다. 거북이는 하늘을 보며 말했어요.

"황룡아 고마워. 가족이 소중하다는 것을 알게 해 줘서 고마워."

황룡이는 기분이 좋아졌어요.

서울의 남쪽 숭례문 근처에는 시골에 사는 사람들이 서울로 들어오기 위해 숭례문을 지나고 있었어요. 그런데 이 사람들은 너무 배가 고파서 그만 숭례문에서 음식을 만들어 먹으려 했어요. 그런데 그때, 숭례문의 지붕에 있는 구멍으로 노란 물방울이 떨어졌습니다. 그러자, 사람들이 숭례문의 소중함을 알게 되었어요. "숭례문을 아끼고 사랑해야지. 내가 여기서 음식을 먹으면 숭례문이 더러워질 거야." 사람들은 하늘을 보며 말했어요.

"황룡아 고마워. 소중한 우리나라 보물 숭례문을 잘 지킬게."

황룡이는 기분이 좋아졌어요.

그리고 사람들은, 다른 사람들에게도 숭례문이 소중하다는 것을 알려주기 위해서 황룡이의 모습을 숭례문의 홍예문 안에 그려 넣었습니다.

황룡은 이 모습들을 보고 뿌듯했어요. 그래서 세상에 노란색 물방울을 몰래 뿌려 주었어요. 그래서 땅에도, 산에도, 바다에도 물방울이 떨어졌어요. 모든 사람들은 서로를 소중히 여기고 귀중히 여기며 행복하게 오래오래 살았답니다. 그리고 세상의 많은 물건에 노란색이 들어가게 해서 모두 귀하고 소중한 물건이 되도록 했어요. 황룡이가 떨어트린 노란색 물방울을 찾아보세요!

○ 그림책 형태로 만들어 방안놀이 시간에 언어영역에 제시한다.

관련활동

■ 이야기나누기 '사신-청룡, 백호, 현무, 주작' (142쪽 참고)

■ 이야기나누기 '용' (152쪽 참고)

■ 이야기나누기 '숭례문' ('동네와 지역사회' 생활주제 124쪽 참고)

# 황룡이의 노란 물방울

**집단형태**

대집단활동

**활동유형**

동극

**활동자료**

동화자료(파워포인트), 노트북, 빔프로젝터, 레이저포인터, 동극 준비물(예: 물병, 노란 물방울(색공), 하늘을 표현할 천과 땅을 표현할 블록, 토끼가 나누어 먹을 당근, 거북이가 사는 바다를 표현할 천, 도시락과 도시락 가방 등)

**활동목표**

- 동화의 내용을 이해하고 극으로 표현한다.
- 동극을 하기 위해 필요한 것들을 생각한다.
- 동극을 준비하는 과정에 참여한다.

**활동방법**

○ 유아들이 만든 '황룡이의 노란 물방울' 동화를 대집단 활동으로 감상한다.

- 동화를 본 후에 함께 동극을 해봅시다.
- 동극을 다 준비한 후에는 우리와 같은 나이인 ○○○반 친구들에게도 보여 줄 거예요.

○ 동화의 내용을 회상한다.

○ 동극에 필요한 무대와 소품을 준비한다.

- 이 동극을 하려면 무엇이 필요할까요?
  - 물병, 노란 물방울(색공), 하늘을 표현할 천과 땅을 표현할 블록, 토끼가 나누어 먹을 당근, 거북이가 사는 바다를 표현할 천, 도시락과 도시락 가방
- ○○가 되는 사람은 어떻게 꾸밀까요?
  - 청룡, 백호, 주작, 현무, 황룡 : 색깔 천으로 옷을 간단히 만들어 입는다.
  - 토끼 : 토끼 귀를 만들어 쓴다.
  - 거북이 : 거북이 등을 만들어 배낭처럼 맨다.
  - 여자아이와 남자아이: 한복을 입는다.
  - 물방울 : 노란색 물방울 모양의 동그란 천을 머리에 얹는다.

○ 동극 시 음향을 맡을 유아를 정한다.

- 동극을 할 때 사물 악기로 각 장면에 어울리는 음악을 연주해 볼 거예요. 음악 테이프(CD)에 있는 음악 장면에 어울리는 곡을 선택해서 틀어 줄 수도 있어요.
- 선생님이 준비한 간단한 장단을 잘 듣고, 동화 중 어떤 장면에 들어가면 좋은지 이야기를 나누어 봅시다.
- 동극할 때 사물 악기 연주를 하고 싶은 어린이들은 손을 들어 봅시다.

○ 동극의 배역을 정한다.

○ 역할별로 모여 연습해 본다.

동물들의 집 만들기

노란 물방울 역할 준비하기

동극하기 : 하늘에서 노란 물방울
떨어지는 장면

동극하기 : 숭례문을 보호하고자
이야기하는 장면

○ 동극을 한다.

○ 평가를 바탕으로 동극을 재공연한다.

**유의점**

■ 본 활동은 동화를 만들고 장면에 알맞은 배경 음악을 정한 후 극을 연습하는 등 일련의 준비 과정이 필요하다. 약 일주일간 3~4회로 나누어 활동을 실시하며 동극 준비 과정에서 유아들이 적극적이고 주도적으로 참여할 수 있도록 지도한다. 재공연을 하거나 다른 학급 유아들에게 동극을 보여 주는 등 공연을 여러 번 반복하고 평가하는 과정을 통해 극의 완성도를 점차 높여 나갈 수 있다.

**관련활동**

■ 동화 '상상의 동물로 동화 만들기'(159쪽 참고)

부록

# 1. 주간교육계획안

| 만 5세 ○○○ 반 주간교육계획안 20○○ 학년도 ○월 ○주 | 생활주제 | 동물 | 주제 | | | |
|---|---|---|---|---|---|---|
| 목표 | 여러 가지 동물의 생김새, 특징, 독특한 생활방식에 대해 안다. / 사람과 동물은 함께 살아가야 하는 관계임을 알고 동물을 소중히 생각하는 태도를 갖는다. / 사람과 동물은 함께 살아가야 하는 관계임을 알고 동물을 소중히 생각하는 태도를 갖는다. 애완동물 농장동물 야생동물 | | | | | |

| 활동 | | 월(○일) | 화(○일) | 수(○일) | 목(○일) | 금(○일) | 평가 |
|---|---|---|---|---|---|---|---|
| 자유선택활동 | 쌓기 놀이 영역 | • 얼음 만들기 • 자석블록으로 동물원 구성하기 | • 종이벽돌블록으로 동물 농장 구성하기 | | • 레고블록으로 다양한 형태로 구성한 후 이름 짓기 | | |
| | 역할 놀이 영역 | • 애완동물 돌보기 놀이하기 | | • 도시락 만들어 소풍 가기 놀이하기 | | • 가족 놀이하기 | |
| | 언어 영역 | • '동물' 생활주제 관련 그림책 읽기 | • '○○○ 반 어린이들의 동물 수수께끼' 책 보기 | | • 그림사전 만들기 | | |
| | 수학·조작 영역 | • '동물' 생활주제 관련 조작 교구(동물과 부산물 짝 짓기, 동물과 사는 곳 짝 짓기 등)하기 | | | • 모양과 색깔 기준에 맞게 도형 분류하기 | | |
| | 과학·컴퓨터 영역 | • 동물의 알 관찰하기 • 동물 이름책 보고 컴퓨터에 입력하기 | | • 동물의 이름, 생김새, 습성 조사하기(컴퓨터) | • ○○○ 번에서 기르는 거북 돌보기, 관찰하기 | | |
| | 조형 영역 | • 세우는 동물 만들기 | | • 마블링 | • 안개그림 | | |
| | 음률 영역 | • '동물' 생활주제 관련 노래 만들기 | • 동물 음율소리를 담은 악기 소리 탐색하기, 연주하기 | | | | |
| | 실외 영역 | • 마당: 준비운동하기 / 조합놀이터, 모래놀이터, 대근육 활동 기구에서 놀이하기 / 축구하기 / 자전거 타기 / 토기 관찰하기 | | • 세갈 외부 보며 피아노 연주하기 | | | |
| 대·소집단활동 | 이야기나누기 | • 우리가 좋아하는 동물 - 말 | • 우리가 좋아하는 동물 - 코끼리 | • 사라진 동물들 | • 모둠발로 훌라후프 뛰어넘기 | • 우리가 좋아하는 동물 - 강아지 | |
| | 동화·동극·동시 | | • 코끼리(동시) | | | | |
| | 음악 | • 동물 농장(새노래) | • 코끼리 | | • 아기 참멘지 라라와 복슬개 해(PPT동화) | | |
| | 율동 | | • 코끼리 | | | | |
| | 신체 | | | • 기린이랑 사슴이랑(새노래) | • 다람쥐 소풍 가는 길(음악감상) | | • 광가루 경주(게임) |
| | 수학 | • 동물 수 세기 | | | | | |
| | 과학 | | | | | | |
| | 사회 | | | • 궁중 먹복이(요리) | | | |
| | 바깥놀이 | • 화분에 물 주기 | | | | • 동물보호 운동 | |
| | 간식 | • 찐감자1/2, 우유 | • 송편2, 우유 | • 궁중떡복이5, 우유 | • 참외1팩1, 우유 | • 현미과자3, 호상요구르트 | |
| | 급식 | 잡곡밥, 쇠고기당면국, 오징어부음, 숙주나물, 김치, 김구이/방울토마토 | 강낭콩밥, 해물된장찌개, 시고 기우영초림, 부로콜리당김쩜, 깍두기, 김구이/포도 | 비빔밥, 시금치국, 옥수수샐러드, 깍두기/사과 | 잡곡밥, 배추된장국, 임연수이, 갯잎나물, 김치, 김구이/배 | 흑미밥, 애호박된장찌개, 닭안심우목음, 청경채된장무침, 김치, 김구이/사과 | |
| 전이·주의집중 | | • 여러 가지 동물 자리 바꾸기 | | • 박자에 맞추어 손유동하기 | • 동물 울음소리 듣고 알아맞히기 | • 배꼽 노래 부르기 | |
| 귀가지도 | | • 코끼리에 대해 조사해 오기 • 이중식사 하고 등원하기 • 선생님께 바르게 인사하기 | • 일과 평가하기 • 실내화 바르게 정리하기 | • 일찍 자고 일찍 일어나기 • 대출한 그림책 가져오기 | • 광가루에 대해 조사해 오기 • 대출한 그림책 가져가기 | • 실내화, 칫솔 세척해 오기 • 주말 동안 규칙적인 생활하기 | |
| 급식조력부모 | | • ○○○, ○○○ | • ○○○, ○○○ | • ○○○, ○○○ | • ○○○, ○○○ | • ○○○, ○○○ | |
| 비고 | | | | ※ 그림책 대출 · 반납일 | | | |
| 총평 | | | | | | | |

# 만 5세 ○○○ 주간교육계획안 (20○○ 학년도 ○월 ○주)

| 생활주제 | 동물 | 주제 | 중생대 동물 / 상상의 동물 |
|---|---|---|---|

**목표**
- 지금은 지구상에 존재하지 않는 동물이 있었음을 안다. / 공룡이 생김새와 이름을 안다. / 공룡의 특성에 관심을 갖는다. / 우리나라 전통문화에는 독특한 상상의 동물이 나타남을 안다. / 상상의 동물이 상징하는 의미에 관심을 갖는다.

| 요일/날짜 | 월(○일) | 화(○일) | 수(○일) | 목(○일) | 금(○일) | 평가 |
|---|---|---|---|---|---|---|
| **쌓기 놀이 영역** | •자연사 박물관 놀이하기 | •폴리드론 블록으로 상상의 동물 만들기 | | | | |
| **역할 놀이 영역** | •고생물학자 놀이하기 | •고생물학자 놀이에 필요한 소품 만들기 | | | | |
| **언어 영역** | •'동물' 생활주제 관련 그림책 읽기 | •자연사 박물관 도록 만들기 | •그림사전 만들기 | | | |
| **수학·조작 영역** | •공룡의 알 관찰하기 •나는 찾아요 주니어 CD-ROM 하기, 공룡의 이름, 특징 조사하기(컴퓨터) •○○○ 반에서 기르는 거북이 돌보기, 관찰하기 | | | | | |
| **과학·컴퓨터 영역** | •단청무늬 관찰하기, 구성하기 •함께나와 놀이서 CD-ROM 하기 •○○○ 반에서 기르는 거북이 돌보기, 관찰하기 | | | | | |
| **조형 영역** | •공룡 화석 만들기 | | •자연사박물관에서 본 것 그리기 | | •자연사 박물관에 필요한 것 만들기 | |
| **음률 영역** | •'동물' 생활주제 관련 노래 부르기 •배운 노래 부르며 리듬악기 연주하기 •세상 악보 보며 핸드벨 연주하기 | | | | | |
| **실외 영역** | 마당: 준비(체)조하기 / 조합놀이대 / 대근육 활동 기구에서 놀이하기 / 축구하기 / 자전거타기 / 도기 관찰하기 | | | | | |
| **이야기나누기** | •우리가 좋아하는 동물: 공룡 •판권공룡(반입체동화) | 옛날에 공룡들이 있었어(PPT동화) | •현장학습 시 지켜야 할 약속 | •자연사 박물관에서 본 것 소개하기 | •사진 - 청룡, 백호, 현무, 주작 •용(OHP동화) | |
| **동화·동극·동시** | | •공룡 | •동물들이 악기 연주, 세와 개구리 | •생쥐소리 '동물의 사육제' 중 화석 (음악감상) | | |
| **음악** | | | | | | |
| **율동** | •민첩성 기르기(체육) | | | | | |
| **신체** | | | •같은 공룡 그림 찾아오기(게임) | | | |
| **수학** | | | | | | |
| **과학** | | | | •동물 분류하기 | | |
| **사회** | | •공공장소에서 질서 지키기 | | | | |
| **바깥놀이** | •화분에 물주기 | •선 따라 걷기, 달리기 | | | •유괴예방교육 | |
| **간식** | •젓국, 바나나1/2 | •삶은달걀1/2, 수박 | •전우유수1/2, 우유 | •어묵1, 우유 | •화석 찾기 놀이 •유기농사과즙, 우유 | |
| **급식** | •기장밥, 근대국, 소고기야채볶음제, 감자조림, 감치/사과 | •수수밥, 팽이버섯된장국, 닭안심야채볶음, 고사리나물, 감치, 김구이/귤 | •카레덮밥, 열갱이된장국, 오이맛살샐러드, 감치/오렌지 | •흑미밥, 쇠고기미역국, 두부양념조림, 이문드레멸치볶음, 감치, 김구이/파인애플 | •기장밥, 버섯된장국, 불고기, 청경채된장무침, 감치, 김구이/키위 | |
| **전이·주의집중** | •수수께끼 알아맞히기 | | | •꼬마야 | •색깔 훈합 알아맞히기 | |
| **귀가지도** | •칫솔, 실내화 가져오지 않는 사람은 내일 가져오기 •귀가 후 손, 발 깨끗하게 씻기 | •내일은 자연사 박물관 현장학습을 갈 것임. 편한 복장(바지, 운동화) 하고 오기 | •친구 칭찬하기 •대출한 그림책 가져오기 •실내화 가지런히 정리하기 | •일과 평가하기 •대출한 그림책 가져오기 | •주말 즐겁게 보내기 -일찍 자고 일찍 일어나기 -가족과 즐거운 시간 보내기 | |
| **급식조력부모** | •○○○, ○○○ | •○○○, ○○○ | •○○○, ○○○ | •○○○, ○○○ | •○○○, ○○○ | |
| **비고** | | | ※현장학습 '자연사 박물관' | ※그림책 대출·반납일 | ※현장학습 '자연사 박물관' | |
| **총평** | | | | | | |

# 2. 일일교육계획안

| 담임 | 원감 | 원장 |
|---|---|---|
|  |  |  |

| 학급명 | ○○○반 (만 5세) | 날짜 | 20○○년 ○월 ○일 ○요일 | 수업일수 | ○/○○○일 |
|---|---|---|---|---|---|
| 생활주제 | 동물 | 주제 | 애완동물<br>농장동물<br>야생동물 | 소주제 | 내가 좋아하는 동물<br>코끼리의 생김새<br>코끼리의 습성 |

| 목표 | 여러 가지 동물의 생김새와 특징에 관심을 갖는다. / 좋아하는 동물에 대해 조사하는 과정에 적극적으로 참여하며 탐구하는 태도를 기른다. / 코끼리의 생김새에 습성을 안다. / 음악에 맞춰 특징에 맞게 몸을 움직이며 창의적인 표현 능력을 기른다. |
|---|---|

| 일일 시간표 | 9:00~ 등원 및 실내자유선택활동<br>9:10~ 계획하기<br>9:20~ 실내자유선택활동<br>10:00~ 정리정돈 및 놀이평가<br>10:10~ 간식 '송편2, 우유'<br>10:30~ 이야기나누기 '우리가 좋아하는 동물: 코끼리'<br>10:50~ 실외자유선택활동<br>11:30~ 정리정돈 및 화장실 다녀오기<br>11:40~ 동시 '코끼리'<br>12:00~ 점심식사<br>12:50~ 실내자유선택활동<br>13:25~ 율동 '코끼리' (유희실)<br>13:50~ 평가 및 귀가지도 |
|---|---|

| 시간 / 활동명 | 활동목표 | 활동내용 | 준비물 및 유의점 | 평가 |
|---|---|---|---|---|
| 9:00~<br>등원 및 실내자유<br>선택활동 | • 유치원에는 여러 사람이 함께 사용하는 교구가 있음을 안다.<br>• 등원 후 자신이 해야 할 일을 알고, 스스로 하는 능력을 기른다. | • 등원 및 인사나누기<br> - 선생님께 바르게 인사하기<br> - 출석 표시판에 출석 표시하기<br> - 하고 싶은 놀이 [3가지 계획하기]<br> • 언어, 수학 · 조작 놀이 영역에서 놀이하기<br> • 기본생활습관 지도하기<br> - 바르게 인사하기, 놀이 계획하고 실천하기, 실내에서 적당한 크기의 목소리로 이야기하기 | • 유아 명단 |  |
| 9:10~<br>계획하기 | • 오늘의 날짜와 날씨를 안다.<br>• 유치원 생활에 대한 기대감을 | ◎ 계획하기<br>• 자리정돈 및 주의집중: 리듬 따라 손뼉 치기 | • 달력, 날씨표시판, 그림시간표 |  |

| 시간 / 활동명 | 활동목표 | 활동내용 | 준비물 및 유의점 | 평가 |
|---|---|---|---|---|
| | · 가진다.<br>· 하루 일과를 예측하며 계획한다. | · 유아의 출·결석 확인하기<br>· 날씨 및 날씨 알아보기<br>- 오늘은 몇 월 며칠인가요? 무슨 요일인가요?<br>- 오늘 날씨가 어떤가요?<br>· 그림 시간표 보며 일과 계획하기 | | |
| | · 다양한 동물의 생김새에 대해 알고 조형 작품으로 표현한다. | · 선택한 흥미영역에서 실내자유선택활동하기<br>[조형] 세우는 동물 만들기<br>- 종이 반으로 접기 → 한쪽 면에 붓펜과 사인펜으로 동물 그림 그리기 → 반으로 접은 종이를 겹친 채로 선을 따라 오리기 → 앞, 뒷면을 동물처럼 꾸미고 색칠하기 → 이름 쓰기 → 교사가 휴지심이나 고무찰흙 만 것을 종이 사이에 끼운 후 고정시키기 | · 조형 : 소포용지 또는 지부류지 (20×10cm, 25×15cm 등 다양한 크기), 휴지 속심 3등분한 것 또는 고무찰흙 동그랗게 말아 놓은 것, 사인펜, 가위, 스케이플러, 셀로판테이프, 순서도 | |
| | · 여러 가지 블록을 이용하여 창의적으로 입체물을 구성한다.<br>· 집의 구조와 기능을 안다. | [쌓기] 밀림 만들기<br>- 밀림에 관한 사진, 책 등을 보며 밀림이 장소에 사는 동물들에 대해 이야기나누기<br>- 동물이 사는 장소별로 밀림 구성하기(강, 숲 속, 하늘, 바다, 동굴 등)<br>- 밀림 놀이에 필요한 소품 만들기<br>- 구성한 밀림에서 놀이하기 | · 쌓기 : 여러 가지 종류의 종이 블록, 호스, 긴 원통형 종이 속심, 이세 테이프, 나무 젓가락 블록, 종이벽돌지셀룩, 유니트 블록 등 | |
| | · 애완동물을 돕는 방법을 안다.<br>· 자신의 역할을 알고 역할에 맞게 표현하는 능력을 기른다. | [역할] 애완동물 돌보기 놀이하기<br>- 애완동물 돌보기 놀이에 필요한 소품 준비하기<br>- 준비한 소품으로 역할 놀이 영역 구성하기<br>- 역할 정한 후 역할에 맞는 말, 동작하며 놀이하기 | · 역할 : 애완동물 돌보기 놀이 소품, 음식 재료, 식기류, 의상 및 신발류 등 | |
| | · 글자 읽기, 쓰기에 관심을 갖는다.<br>· 그림책을 즐겨보는 습관을 기른다. | [언어] '동물' 생활주제 관련 그림책 보기/그림사전 만들기<br>- '동물' 생활주제 관련 그림책(까치와 호랑이와 토끼, 손 선생님의 동물원, 아기 침팬지 리키와 복슬개 헨리 등) 읽고 기억에 남는 장면 이야기하기<br>- 'OOO 반 어린이들의 동물 수수께끼' 책 보기<br>- 그림사전 만들기(원하는 사진 오려 붙이거나 그림그리기, 단어나 문장 짓기) | · 언어 : 그림책, 그림사전 관련 용 구(그림사진, 사진, 가위, 풀, 사인펜, 색연필, 연필, 지우개 등) | |
| | · 조작교구와 그림 맞추기 하는 방법을 알고 놀이에 참여한다. | [수학·조작] '동물' 생활주제 관련 조작교구하기<br>- 나무퍼즐, 종이퍼즐 맞추기<br>- 그림게임하기<br>- 조작교구(동물과 부산물 짝 짓기, 동물과 사는 곳 짝 짓기 등)하기 | · 수학·조작 : '동물' 생활주제 관련 조작교구(종이퍼즐, 나무 퍼즐, 그림게임 등) | |
| 9:20~<br>실내자유<br>선택활동 | · 다양한 동물들의 특징을 관찰한다.<br>· 알의 길이를 측정하고 순서 짓는다. | [과학] 컴퓨터로 동물의 알 관찰하기/동물들의 이름, 생김새, 움직임, 습성 조사하기<br>- 여러 종류의 동물 사진, 동물 알 표본 살펴보기<br>- 알의 특징 관찰하기(알의 크기 비교하기)<br>- 좋아하는 동물, 알고 싶은 동물 검색하기 → 그림으로 그리거나 글씨를 써서 조사 내용 종이에 기록하기 | · 과학 : 컴퓨터 : 여러 종류의 동물 알 표본, 동물 사진, 돋보기, 자, 큰, 가위, 컴퓨터, 기록지, 사인펜, 네임펜 등 | |

| 시간 / 활동명 | 활동 목표 | 활동 내용 | 준비물 및 유의점 | 평가 |
|---|---|---|---|---|
| 10:00~ 정리정돈 및 놀이평가 | • 자기가 가지고 놀았던 놀잇감을 스스로 정리하는 습관을 기른다.<br>• 친구를 돕고 서로 협력하는 마음을 갖는다.<br>• 자신의 놀이를 계획하고 실천하는 느낌을 기른다. | • 자기가 놀았던 영역부터 정리하기<br>• 다른 영역 정리 도와주기<br>◎ 놀이 평가하기<br>- 방안놀이 시간에 어떤 놀이를 하기로 계획했었나요?<br>- 계획한 놀이를 모두 했나요?<br>- 못했다면, 왜 계획대로 놀이하지 못했나요?<br>◎ 놀이 평가판에 표시하기<br>• 자신의 놀이 평가판을 찾아서 놀이하고 난 기분 표시하기<br>• 화장실 다녀오기 | • 놀이평가판, 네임펜 또는 매직펜<br><br>* 쌓기, 역할 놀이 영역은 5분 전 예미리 정리정돈 신호를 한다. | |
| 10:10~ 간식 '송편2, 우유' | • 손을 깨끗이 씻는 습관을 기른다.<br>• 친구들의 간식을 준비하며 책임감을 갖는다.<br>• 다른 사람과 함께 간식을 먹을 때 지켜야할 예절을 알고 실천한다. | ◎ 간식 '송편2, 우유'<br>• 간식 당번 간식 준비하기<br>• 화장실에서 손 씻고 자리에 앉기<br>• 오른쪽 방향으로 간식 그릇 전달하며 간식 덜기<br>• 간식 먹고 잽반에 정리하기<br>• 간식 당번이 간식 접시가 담긴 쟁반 간식차에 정리하기<br>• 간식을 먹은 후 불양치하기<br>• 언어, 수학, 조작, 과학 영역에서 놀이하기 | - 손 씻기 지도: ○○○교사 | |
| 10:30~ 이야기나누기 '우리가 좋아하는 동물 - 코끼리' | • 코끼리의 생김새와 특징을 안다.<br>• 코끼리의 독특한 생활방식에 대해 안다. | ◎ 이야기나누기 '우리가 좋아하는 동물 - 코끼리'<br>• 자리정돈 및 주의집중: 부분 보고 전체 알이(맞히)기(코끼리)<br>• 활동 소개하기<br>- 어제 우리가 좋아하는 동물 중 어떤 동물에 대해 조사해 오기로 했나요? (코끼리)<br>- 코끼리의 생김새와 습성에 대해 알아볼 것임<br>◎ 코끼리의 생김새에 대해 이야기나누기<br>- 코끼리 몸의 크기가 어떠한가요? (매우 큼, 땅에 사는 동물 중 가장 크고 무거움, 몸이 무거우므로 네 다리로 느릿느릿 걸어감)<br>- 코끼리 코는 어떻게 생겼나요? (코가 김)<br>- 코끼리 코는 어떤 일을 할까요? (먹이를 집거나 인사를 하는 등 손과 같은 역할을 함, 팔씨름을 하기도 한다. 물을 뿜어 전종 목욕을 하기도 함)<br>- 코의 모습을 몸으로 표현해 보세요.<br>- 코끼리 커는 어떻게 생겼나요? (귀가 큼)<br>- 코끼리 커는 어떤 일을 할까요? (사자와 같이 위험한 동물에게 겁을 주기 위해 커를 펼쳐 크고 웅장 걸어감, 더울 때 커를 부채 삼아 부채질을 하기도 함)<br>- 몸으로 커의 움직임 표현해 보세요.<br>- 코끼리 입 옆에 있는 뿔은 무엇일까요? (상아, 코끼리의 어금니)<br>• 코끼리의 습성에 대해 이야기나누기 | • 이야기나누기 자료(동영상자료, 코끼리 사진, 관련 그림, 책 등), 컴퓨터, 빔프로젝터, 리모컨, 화이트보드, 보드마커펜 | |

| 시간 / 활동명 | 활동 목표 | 활동 내용 | 준비물 및 유의점 | 평가 |
|---|---|---|---|---|
| | | - 코끼리는 무엇을 먹고 살까요? (나무 옆에나 풀요, 나무껍질, 나뭇잎, 나뭇가지 등을 먹고 삼, 초식동물임)<br>- 코끼리는 잠을 자는 4시간 외에는 온종일 먹이를 찾거나 먹으면서 시간을 보내요.<br>- 코끼리는 어느 정도 양의 먹이를 먹을까요? (하루에 200kg의 먹이를 먹음, 물도 100ℓ씩 마심)<br>- 먹이를 어떻게 먹을까요? (열매나 잎을 코로 따서 입에 넣어 먹음)<br>- 아기 코끼리는 무엇을 먹을까요? (엄마 젖이 있는 곳으로 가서 입으로 젖을 먹음)<br>- 사후활동 이야기하기<br>- 오늘 이야기 나눈 것 외에 코끼리에 대해 더 알고 싶은 것이 있나요?<br>- 더 알고 싶은 것은 책, 인터넷 등으로 조사해 오기 | | |
| 10:50~<br>실외자유<br>선택활동 | • 놀이기구를 안전하게 사용하는 습관을 기른다.<br>• 실외놀이규칙을 지키며 놀이한다. | ◎ 실외자유선택활동<br>- 준비체조하기<br>- 실외자유선택활동하기<br>[조합놀이터] 종잡고 올라가기, 미끄럼틀, 그네, 흔들다리 등<br>[모래놀이터] 모래성 만들기(용구로 신, 강 만들기)<br>[대근육기구 그네타기], 네스빅브릿지에서 놀이하기)<br>[전래놀이 축구하기]<br>[소꿉놀이방 소꿉놀이하기, 음식 만들고 차려서 놀이하기]<br>[그늘집 및 벤치] 그림 그리기, 새종이 접기, 그림책 보기<br>- 놀이기구의 사용법과 규칙 알고 안전하게 놀이하기 | • 탬버린, 유아명단<br>- 조합놀이터지도 : ○○○ 교사<br>- 전체 : ○○○ 교사<br>*교사는 유아들이 안전하게 놀이하도록 지도한다. | |
| 11:30~<br>정리정돈 및<br>화장실 다녀오기 | • 자기가 가지고 놀았던 놀이감을 스스로 정리하는 습관을 기른다.<br>• 친구를 돕고 서로 협력하는 마음을 갖는다. | - 선생님이 탬버린을 흔들면 선생님 앞에 줄서기<br>- 교실에 들어가서 신발 정리하고 화장실 다녀오기<br>- 물마시기 | - 정리신호 : ○○○ 교사<br>- 유아 수 확인 : ○○○ 교사 | |
| 11:40~<br>동시<br>'코끼리' | • 코끼리의 생김새와 생활습성을 안다.<br>• 동시의 반복적인 리듬과 운율을 느낀다.<br>• 코끼리의 움직임을 묘사하는 의성어와 의태어에 관심을 갖는다. | ◎ 동시 '코끼리'<br>- 자리정돈 및 주의집중 : 배운 노래 부르기(동물 농장)<br>- '코끼리' 수수께끼 내기<br>- 코끼리는 몸이 큰 동물이에요.<br>- 내가 움직이면 나의 큰 귀가 팔락팔락 움직여요.<br>- 사람들이 나에게 과자를 주면, 손 대신 코를 움직여서 먹어요.<br>- 나는 누구일까요? (코끼리)<br>- 코끼리처럼 몸을 움직여 볼까요?<br>- 코끼리처럼 몸을 움직여 보기<br>- 손으로 귀를 만들어 흔들흔들 움직여 보기 | • 반입체 동시자료(코끼리의 귀, 코, 꼬리를 조작할 수 있는 그림판), 코끼리 사진 | |

| 시간 / 활동명 | 활동 목 표 | 활 동 내 용 | 준비물 및 유의점 | 평가 |
|---|---|---|---|---|
| | | - 손으로 긴 코를 만들어 먹이 먹는 모습 표현해 보기<br>• '코끼리' 동시 소개하기<br>- 코끼리의 움직임을 나타낸 '코끼리' 라는 동시가 있어요.<br>• 교사가 '코끼리' 동시 낭송하기<br>- 코끼리가 어떻게 움직이는지 생각하면서 동시를 들어 보세요.<br>• 동시를 들은 뒤 생각과 느낌 이야기나누기<br>- 동시를 듣고 나니, 어떤 생각이 드나요?<br>• 동시 자료를 이용하여 동시내용 회상하기<br>- 코끼리의 몸이 어떻다고 했나요? (커다랗다)<br>- 코끼리의 코는 어떻게 생겼다고 했나요? (길고 구불구불하다)<br>- 귀는 어떻게 생겼다고 했나요? (크다. 흔들거린다)<br>- 꼬리는 어떻게 생겼다고 했나요? (크다. 꼬불꼬불하다)<br>• 교사와 유아가 동시 나누어 낭송하기<br>- 유아: 코끼리 커다란 몸<br>- 교사: 각 연의 두 번째 행<br>• 교사와 유아가 순서를 바꾸어서 동시 나누어 낭송하기<br>• 교사와 유아가 다 같이 동시 낭송하기 | | |
| 12:00~<br>점심식사<br>(강낭콩밥, 해물된<br>장찌개, 쇠고기야<br>영조림, 브로콜리<br>달걀찜, 깍두기, 김<br>구이/ 포도) | • 급식 방법과 정리 방법을 알고<br>실천한다.<br>• 음식을 골고루 먹는 습관을 기<br>른다.<br>• 바른 태도로 음식을 먹는 습관<br>을 기른다. | ◎ 점심식사(강낭콩밥, 해물된장찌개, 쇠고기야영조림, 브로콜리달걀찜, 깍두기, 김구이/ 포도)<br>• 화장실에서 손 씻기<br>• 자리에 앉아서 점심 먹을 준비하기(수저, 물컵 준비하기)<br>• 배식대 앞에 줄서기(책상별로)<br>• 배식대에서 식판에 밥, 반찬을 받은 후 자리에 가서 앉기<br>- 감사 인사 드리기<br>- 기도한 후 점심식사 하기<br>- 나눠주시는 국 받기<br>- 즐겁게 식사하기<br>- 골고루 먹기<br>- 더 먹고 싶은 반찬이 있을 경우 손들기<br>• 휴식 먹기<br>• 정리하기<br>• 양치하기<br>- 이를 다 닦고 난 후 이 닦기 표시판에 표시하기<br>• 언어, 수학・조작, 과학 영역에서 놀이하기 | - 배식대 준비 및 점심식사 세팅:<br>○○○ 교사, 급식조력부모<br>(○○○, ○○○)<br>- 배식: ○○○ 교사(국), 급식<br>조력부모(밥, 반찬)<br>- 배식전후 자리 정돈 및 식사 준<br>비 지도: ○○○ 교사<br>*국은 유아들이 식판을 가지고<br>자리에 앉은 후에 나누어 주도<br>록 한다.<br>*교사는 유아들이 식사하는 모습<br>을 관찰하고 바른 태도로 골고<br>루 음식을 섭취할 수 있도록 지<br>도한다.<br>- 급식차 및 배식대 정리: 급식조<br>력부모(○○○, ○○○) | |

| 시간 / 활동명 | 활동 목표 | 활 동 내 용 | 준비물 및 유의점 | 평가 |
|---|---|---|---|---|
| 12:50~<br>실내자유선택활동 | • 놀이감의 사용방법을 알고 놀<br>잇감을 활용하여 놀이한다. | ◎ 실내자유선택활동<br>• 하고 싶은 놀이 선택하여 흥미 영역에서 놀이하기 | | |
| 13:25~<br>운동<br>'코끼리'<br>(유희실) | • 코끼리의 생김새와 생활습성<br>에 대하여 안다.<br>• 코끼리의 움직임을 파악하고<br>사실적으로 표현한다.<br>• 음악의 움직임을 느끼고 몸으<br>로 표현한다. | ◎ 운동 '코끼리' (유희실)<br>• 자리정돈 및 주의집중: 음악에 맞추어 걷기, 달리기<br>• 활동 소개하기<br>- 음악에 맞추어 어떤 동물처럼 몸을 움직여 볼 것임<br>• 음악 듣고 느낌 이야기나누기<br>- 음악을 들어보니 어떤 느낌이 드나요?<br>- 어떤 동물이 움직이는 음악 같나요?<br>• 유아들과 함께 앉은 채로 음악에 맞추어 무릎 쳐 보기<br>- 음악에 맞추어 두 손으로 무릎을 쳐 보세요.<br>• 음악에 맞추어 걷기 시범 보기<br>- 이번에는 음악에 걸어보도록 해요. 누가 나와서 해볼까요?<br>- 음악에 맞춰 걸어가는 모습을 보니 생각나는 동물이 있나요? (코끼리)<br>• '코끼리' 영상자료 보며 코끼리의 움직임 관찰하기<br>- 코끼리가 어떻게 움직이나요? (귀를 흔들면서 천천히 움직임, 먹이를 코로 쥐어서 먹음<br>• 반 수의 유아가 음악에 맞추어 운동하기<br>• 운동 평가하기<br>• 나머지 유아들이 음악에 맞추어 운동하기<br>• 다함께 운동하기<br>• 몸 풀기 | • '코끼리' 영상자료, 비디오플<br>레이어, 스크린, 리모컨 | |
| 13:50~<br>평가 및 귀가지도 | • 유치원에서의 일과를 회상한<br>다.<br>• 귀가 전에 해야 할 일을 알고<br>실천하는 능력을 기른다. | • 하루 일과 평가하기<br>- ○○○반에서 지내면서 즐거웠던 점 이야기하기<br>- ○○○반에서 지내면서 속상하거나 불편했던 점 이야기하기<br>• 놀이계획표시 정리하기<br>• 입고 차고 입적 입어나기<br>• 실내화 바르게 정리하기<br>• 선생님께 바르게 인사하고 가기 | - 귀가 전체 지도 : ○○○교사<br>- 귀가 장소로 유아 인솔 :<br>  ○○○교사 | |
| 비 고 | | | | |
| 총 평 | | | | |

# 참고문헌

김진영(2009). 김진영 동요집. 교문사.

바이런 바튼(2002). 옛날에 공룡들이 있었어. 최리을 옮김. 비룡소.

송영수(2004). 어린이 공룡 백과. 삼성출판사.

이기숙 · 김희진 · 이경미 · 이순영(1998). 유아를 위한 소비자교육 프로그램. 양서원.

이소영 · 서혜경(2008). 멸종 동물 얘기 좀 들어 볼래. 토토북.

이은화 · 김순세(1973). 어린이 춤곡. 형설출판사.

이화여자대학교 사범대학 부속이화유치원(1970). 노래동산.

이화여자대학교 사범대학 부속이화유치원(1987). 유아를 위한 즐거운 놀이.

이화여자대학교 사범대학 부속이화유치원(1992). 3, 4, 5세 어린이를 위한 유치원 교육과정 운영의 실제.
⑤ 동물. 교문사.

제인 구달 · 알란 막스(2005). 아기 침팬지 리키와 복슬 개 헨리. 한솔수북.

EBS올리버 스튜디오(2009). 한반도의 공룡. 킨더주니어.

Jane Goodall Institute(2011). Roots and Shoots: the power of youth is global.

http://www.rootsandshoots.org

## 저자소개

**홍용희**  이화여자대학교 사범대학 부속이화유치원 원장
이화여자대학교 사범대학 유아교육과 교수

**오지영**  이화여자대학교 사범대학 부속이화유치원 원감

**강경미**  현 이화여자대학교 사범대학 부속이화유치원 교사

**곽진이**  전 이화여자대학교 사범대학 부속이화유치원 교사

**김혜전**  전 이화여자대학교 사범대학 부속이화유치원 교사

**이누리**  전 이화여자대학교 사범대학 부속이화유치원 교사

**전우용**  전 이화여자대학교 사범대학 부속이화유치원 교사

이화유치원

교육과정 운영의 실제

만 5세 ❺ 동물

2011년 12월 19일  초판 인쇄
2011년 12월 26일  초판 발행

지은이  이화여자대학교 사범대학 부속이화유치원
펴낸이  류제동
펴낸곳  (주)교문사

책임편집  정혜재
본문디자인  아트미디어
표지디자인  이수미
제작  김선형
영업  정용섭·이진석·송기윤

출력  아트미디어
인쇄  동화인쇄
제본  한진제본

우편번호  413-756
주소  경기도 파주시 교하읍 문발리 출판문화정보산업단지 536-2
전화  031-955-6111(代)
팩스  031-955-0955
등록  1960. 10. 28. 제406-2006-000035호

홈페이지  www.kyomunsa.co.kr
E-mail  webmaster@kyomunsa.co.kr
ISBN  978-89-363-1156-8 (93370)
ISBN  978-89-363-1141-4 (93370) 전 36권

값 16,000원